紫微攻略

紫微斗數新手村

從新手到好手，成為命理大師的解盤邏輯和訣竅！

大耕老師——著

目錄

目錄

第二章 基礎解盤技巧

目錄

第三章 深度解盤技巧

目錄

目錄

目錄

第四章 高階應用和開業命理師需要的快速技巧

目錄

目錄

前言

歡迎進入紫微斗數新手村

紫微攻略這系列書籍，從第一本開始就是希望可以讓讀者利用一點點閒暇時間，學會紫微斗數中一些實用的技巧，讓命理學回歸到原始的初衷——在生活中可以實際幫助自己的大眾知識。

其實，「推算」跟「預測」在古代是生活的必需能力，即使在現代來說也是如此，例如我們需要知道潮汐才能方便捕魚或出海游泳，差別只是現代有許多科技工具可以幫助，但是古代沒有。命理就如同烹飪、語文、游泳、自行車等各項生活技能，是為了幫助我們的生活可以更美好，而非只是抓在某些人手中神神秘秘的東西。

也就是說，當命理學更大眾化、普及化，就能讓我們生活所需的知識跟技術更進步，並且杜絕命理詐騙跟神棍。

因此，第一本《紫微攻略》就收錄了高手命理師常用的快速技巧，搭配步驟式的教學讓讀者可以快速地應用，其中有許多內容更是很多命理書籍與開業命理師不曾、不會、不願提到的，因此甫出版就獲得許多迴響。在讀者的支持之下，紫微攻略一路寫下來，已經出版到第五集，技術越來越深，理論越來越廣。無論是初學者或是單純因為好奇、興趣而買書的人，甚至是許多專業的開業命理師都非常支持這一系列的書籍。

但是我們也發現了，許多時候我們學得越多越深，往往很容易忘記基本的原則與原理，甚至忘記當初學習命理的熱忱與初衷。我們容易迷失在看似炫麗的飛化技巧，卻忽略了所有的技巧都需要奠基在穩固的基礎架構，也就是：星曜的解釋與宮位的邏輯，以致於我們學得越多反而越迷惘。又或者，原本只是希望單純了解一下自己的內心為何總是對事情躊躇不定，深怕好機會、好戀情可能因此擦身而過，但是卻又在自學的路上，被許多書籍的各方說法或是彼此矛盾的衝突理論給混淆，不知道該如何檢驗誰說的對，甚至是學得越多算得越不準。畢竟過去大多數的命理書籍千篇一律地照本宣科，卻往往邏輯錯置。

出書並非等於正義，寫在書上的不見得都是真理。對於有興趣剛起步的人、學習中的人或開業命理師來說，基礎永遠都是最重要的，利用客觀的邏輯來辯證真偽，幫助自己在學習的路上不會走進迷霧之中。唯有掌握好各式學理的基本邏輯和基本學習方式，才不會因為找不到方向而遭受各種打擊，甚至徒勞無功，亦或是從此對於命理學產生偏見。就如同當我們見到「水往高處流」的奇觀時，如果我們知道地心引力以及視覺錯置的原理，就不會驚嚇得以為天有異象，反而會饒富興味地看待欣賞它，不會覺得那是什麼奇蹟。為此，這本《紫微攻略・紫微斗數新手村》於焉誕生。

在本書，我們用比較生活化、趣味的方式帶大家了解紫微斗數這門學問的基本原理跟邏輯。

如果你是一張白紙，只是出自於單純的喜好，希望了解紫微斗數，這本書可以成為你的起點，一步步地建立基本觀念，並了解到學習過程會有哪些問題。

如果你是初學者，那麼你可以利用這本書破除學習上的障礙，快速進入高手的世界，避免浪費時間與精神多走冤枉路。

如果你本身已經有基礎，你也可以利用這本書讓自己回到初學的狀態，重新回顧檢查自己是否在學習環節中有所遺漏或疏忽。

這可以說是多數紫微斗數學習者的共同問題——因為在某些基礎學理中有所缺漏或謬誤，導致自己即使經過多年的學習，仍舊很難突破實際解盤時的重重障礙，無論看多少書或到處拜師還是無法進步。這從我們多年來的教學經驗來看，學習者會一直卡關，正是因為在某個基本環節的觀念錯了，或者自己在學習中有所遺漏（自己忘記了、沒注意到、誤解），於是把錯的當成對的，對的當成錯的，最後只好囫圇吞棗，亂學一通奇奇怪怪的觀念和技巧，更嚴重的甚至把神棍似是而非的話當成人生真言。

為求完備，這一本書籌畫多年，我們承襲紫微攻略系列一貫的圖解實戰風格，並結合遊戲破關攻略的巧思，讓大家感受到學習紫微斗數可以很好玩，在樂趣中逐步地重新打好基礎架構，抓漏錯誤觀念，補強正確邏輯。書中同時收集許多學習者共同的問題，盡可能地詳確解說。如果你自覺處於學習紫微斗數的腦霧狀態，讓這本書帶你重回新手村接受檢視與訓練，落實基本功，日後解盤時腦海自然有辦法浮現論命解盤的正確脈絡，歡迎大家一起進入我們的紫微斗數新手村。

本書使用守則

最早的古書《紫微斗數全書》，整本約莫數萬字，薄薄的一本，從排盤方法、各宮位解釋、各星曜解釋、解盤方法到命盤案例一應俱全，但為何我們現在看了許多書籍、讀了數百萬字，卻仍然學不會紫微斗數，甚至是越看越不明白呢？這是因為我們不會用邏輯推演，都是習慣性地在背誦資料。在學習前，我們往往會忽略檢視自己學習知識的方法是不是真的有效，甚至我們還會鼓勵自己應該要多看、多背，感覺背得越多，內心越有安全感，就像許多老師會鼓勵小朋友寫作文要多引用古人說的話或各種經典名句，寫出來的文章會比較厲害，但是話說回來，名言用得越多，不就越顯示文章中其實根本沒有自己的思考跟想法嗎？

同樣地，我們也可以看到很多命理老師在算命的時候，其實只會引用大量的各類口訣跟格局，例如：「你是殺破狼所以如何」、「你是機月同梁格所以是輔佐型人格只能如何」、「這是同梁巳亥位在夫妻宮，是浪蕩的格局」……，問題是，怎樣算是浪蕩呢？怎樣算是輔佐呢？在明清兩代女人穿衣服露出鎖骨就算浪蕩了，但在唐朝可能胸部露了一半（在韓國可能露的還是南半球）才符合當代流行與美感，那麼所謂的浪蕩指的是穿著還是行為呢？如果大家都是如此穿著，我這樣穿也是剛好而已，又或者我穿得很保守，但是全村子男人跟我發生關係這樣算浪蕩嗎？如果是我老公家暴我，我跟隔壁一樣被老婆家暴的老王互相取暖，這樣算是浪蕩嗎？

無論是在學習命理或是面對命主的過程中，我們都很容易掉進文字的陷阱，讓自己可能初學三個月時覺得自己神準無比，學上一年後反而是越來越迷糊，其實這都是因為剛開始我們簡單學到幾個關鍵條文、幾個重點的分類項目之後，解盤好像準確，但是時間久了，看得越多，希望自己學得更深入的時候卻一直出問題。這就如同我們常覺得西洋人一定比較開放，金髮藍眼白皮膚的人遇到喜歡的人，可以馬上乾柴烈火（因為電影都是這樣演），卻忘記想要乾柴烈火，要考慮的事情很多，你要夠帥人家才覺得要跟你點火，而且不能是傳統基督教家庭出身、心態保守。最重要的是——電影情節跟現實會有落差。

要有許多的條件組合，才能建構出現象的發生，這是命理學的基本邏輯。但是我們太容易忘記基本邏輯了。因為簡單的幾個條文讓我們好像可以馬上抓到重點，但其實這些重點是死板的，當我們學得越久就越會發現只靠這些重點是沒用的，就像背再多單字也無法開口說英文，只能剛開始的時候在中文裡夾雜說幾個英文單字，讓人覺得你的英文好像不錯，一旦說得多了就知道你根本不會。任何學問都是如此，更何況是利用對環境的循環統計，加上中醫對於身體的研究資料，以及心理因素跟靈魂學等各類學問的集大成，進而去推算跟研究人生如何更美好的命理學，當然更不可能是靠背誦就學得好的。

的確，任何學問在學習初期都需要記憶一些基本的入門基礎，我們需要在這之間取得平衡，背該背的，記該記得的，不再因為過去的學習習慣讓自己掉入無止盡的看書背書陷阱。我由衷地希望，我的課程和我的書可以讓學生達到一定的程度之後，能自己開啟自我學習跟成長，這就取決於初期的學習過程中，是否能夠了解每一門學問的基本結構邏輯，並且隨時地掌握這些邏輯，然後不斷地幫助自己在學習的路上反覆驗證跟推敲。

為此目的，本書的使用方式是讓大家從最基礎的部分開始了解紫微斗數。

了解一門學問的起源跟建構模式，等於了解一間房子的地基，從地基這個建築區域，我們可以知道它最基本的內涵跟思維，如同知道房子建築的目的跟方向，就可以幫助我們了解房子最後應該賣給什麼人，幫助我們知道——當我們遇到問題的時候，其實需要反思是不是違反基本架構。

同時，這本書也有精進程度的學習規畫，書中主題式地整合出每個階段學習者會遇到的問題，利用問與答的方式來解答，並且釐清大家心中的疑惑。在每一章，都會附上小型測驗關卡，讓你檢視自己是否真的瞭解該章的菁華。

本書以這樣的方式幫助初學者一步步地深入命理的世界，對已經學過或正在學習紫微斗數的命理同好們來說，也可以重新翻閱自己所忽略的重要基本觀念，幫助自己反思與檢驗——是否在每一次看盤的時候，都不會違背每一個基本觀念跟環節。我希望這本書能讓學習者們將這些邏輯內化成自己的內功，形成條件反射，真正掌握紫微斗數這一門集華人命理學大成的學問。

第 1 章

解盤前需要知道的事

第一步

命運，是如何產生的呢？

什麼樣的人會想學命理學呢？大概不外乎有幾種人：天生的好奇寶寶、長大後才開始好奇的、某一年被男友劈腿之後去算命開始覺得好奇的、退休後閒閒沒事不然來研究看看的……。會開始想學習命理學的通常就是這幾種人，無論是哪一種，都是從起心動念開始以至於學習，這是一個因為心理影響，經由時間流動轉移，最後成為動作與現象的過程，其實就是一個命理預測的基本建構過程：我天生覺得好奇、我到了哪一年因為哪件事情引發我的好奇、因為現在沒事情做想找事情做，有什麼事好做的呢？

好奇是心理因素，是一種情緒，這種情緒可能是單一的也可能是綜合的，例如：我的好奇是因為失戀心碎而產生的，所以心理因素驅動了自己的行為。但是光是好奇是否就會去做呢？這就可能有好幾種狀況要考慮了：

「我想，但是我可能要忙工作，沒有機會。」

「可是身邊的人告訴我命理師都是騙人的，沒什麼好研究的。」

「我找不到任何一本看得下去的書或者文章讓我開始學習，所以我放棄了，因為我沒有耐心。」

「我要堅持找到適合我看的書或課程才考慮要不要上課，因為我個性就是這麼堅持。」

「其實我不需要學習，因為剛好我哥哥就是厲害的命理師。」

大家看出來了嗎？人的確會因為好奇而想要學習，但是根據每個人遇到的環境不同，就會影響這份好奇心是否有機會轉化成「學習的現象」，甚或是讓命理學落實在自己的生活中。

這就是命理的基本原則與條件（圖一）——你自身的個性、本能與外在的環境（時間與空間）組合起來成為一個現象（你是否有機會學習命理學）。而後隨著時間的推演，這些條件彼此不斷地交錯，所以會產生各種小現象，例如你「開始學」這是一個現象；但是市面上的參考書籍很爛，導致你找不到一本看得下去的書，所以你「放棄了」，這是另外一個現象；最後形成你「曾經對命理有興趣，但是想想人生還是靠自己」的組合現象，並且成為你生命中的一部分。

圖一／命理的基本原則與條件

由此，我們可以知道，生命不外乎是這幾個條件所組成：天生的特質、外在的環境，以及不斷更迭的時間與前面這兩個條件組成的各種現象。如果我們能夠掌握這幾個條件，以及它們彼此交織之後得出來的現象，我們就可以預先知道未來現象的發生，並透過各種現象的組成，建構出一個人一生的情況。更進一步地，還可以知道如何在某些關鍵時刻去改變各個條件的排列組合（例如利用環境的改變或是性格的改變），就可以改變現象的發生，最後影響自己的人生。這就是命理學的基本原理，任何命理學都是依照這些原則建立起來，無論是哪一個文化的預測方式，即使是通靈者、外星人用的也是這些原理，差異只在於外星人或者某靈體對你所擁有的這些條件的看法而已。

各類的命理學在一開始一定是只掌握了某一個小部分，而後隨著時間的演進、人們的需要，便會開始對於自己不足的部分進行改善跟補足，自己不會的就去學習別人的，例如光打電話還不夠那就加上上網吧，上網只發文字不夠就加上畫面吧，既然都可以上網了就再添加各種功能吧！科技始終始於人性（商業需求），這是我們現在使用智慧型手機的由來，也是每一種科技進步的轉變過程。可想而知，作為在古代至關重要的命理學，當然也有這樣的轉化過程。命理學在一代代的轉變中，結合了印度占星學（解決易經占卦容易隱諱不明的問題）、易經（解決了占星學需要大量天文計算能力，以及無法推算沒有時辰跟生命中某些因為因緣觸發的現象）、奇門遁甲（為了推算之後能夠有相應的解決方法），以及各類風水與各地方的小術數（例如討論前世因果的達摩一掌經），為了滿足各種需求，最後逐步組成目前我們所知道的紫微斗數。這是一種在時代演進與人們需求下所產生的學問，透過明清兩代皇室的推動與當時的御用學者所完成，讓皇室眷養的御用命理師可以有一個完整可靠的訓練系統。所以一般說紫微斗數起源於北宋，其實是有問題的說法，紫微斗數的起源至少可以追溯到唐朝印度占星學派傳入中原，真正完成整合到目前知道的雛型則至少要到明朝永樂皇帝之後，而整個系統臻於完備則大約是清朝時期，甚至是民國初年。

這是紫微斗數完成的過程以及其中所融合的幾種命理學。但是因為華人崇古，往往覺得學問、學說越古代越好（那怎麼不養鴿子繼續用飛鴿傳書呢？），便出現各類依託古人的說法，例如台灣有流派說紫微斗數是九天玄女所傳，這是把神話當歷史在讀了。不過，我們也可以在這個演進過程中了解到，紫微斗數基本上絕對是實用價值下的產物（畢竟讓皇帝不高興是要掉腦袋的，絕對需要有一生懸命等級的高準確度跟穩定度），因此作為學習者，我們只需要逐步了解紫微斗數的整體結構，就可以知道如何做出推算。

第二步

了解紫微斗數的架構和命盤上的資訊涵義

紫微斗數把奇門遁甲代表環境時空的九宮（圖二）轉化成十二宮，並與原本占星學的十二宮結合（圖三），用以表示原本占星學對十二宮的看法，以及奇門遁甲對於時空與環境的觀念，讓紫微斗數跳脫出占星學需要依靠經緯度的限制，也利用占星學更加精確的宮位變化應用，解決了奇門遁甲側重在擷取一個小區段時空的占卦能力，彼此補足了各自一個部份，因此在環境應用上，紫微斗數用命盤上的十二宮來呈現（圖四）。（小知識補充：在明朝時期，紫微斗數有很長一段時間是使用圓形的命盤，如同占星學，目前都還可以找到這樣的小流派流傳。）

圖二／奇門遁甲代表環境時空的九宮

4 九天 巽 死門 壬 丁 天英 乙	9 值符 離 戊 驚門 丁 庚 天芮禽 壬	2 騰蛇 坤 開門 庚 己 天柱 丁
3 九地 震 景門 乙 壬 天輔 丙	5 戊	7 太陰 兌 休門 己 癸 天心 庚
8 玄武 艮 杜門 丙 乙 天衝 辛	1 白虎 坎 傷門 辛 丙 天任 癸	6 六合 空○ 乾 生門 癸 辛 天蓬 己

圖三／圓形占星盤的十二宮

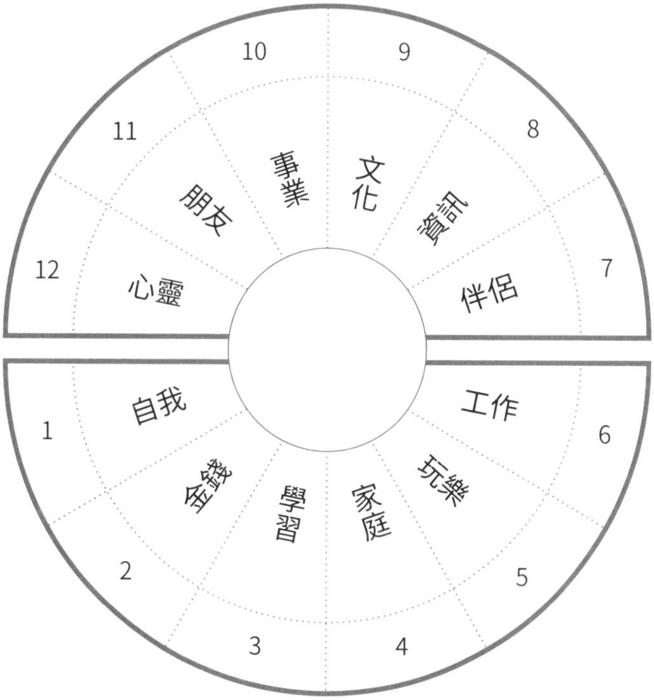

田宅	官祿	僕役	遷移
福德			疾厄
父母			財帛
命宮	兄弟	夫妻	子女

福德	田宅	官祿	僕役
父母			遷移
命宮			疾厄
兄弟	夫妻	子女	財帛

兄弟	**命宮**	父母	福德
夫妻			田宅
子女			官祿
財帛	疾厄	遷移	僕役

夫妻	兄弟	**命宮**	父母
子女			福德
財帛			田宅
疾厄	遷移	僕役	官祿

疾厄	財帛	子女	夫妻
遷移			兄弟
僕役			**命宮**
官祿	田宅	福德	父母

遷移	疾厄	財帛	子女
僕役			夫妻
官祿			兄弟
田宅	福德	父母	**命宮**

圖四／十二宮以及十二種十二宮排列

僕役	遷移	疾厄	財帛
官祿			子女
田宅			夫妻
福德	父母	**命宮**	兄弟

官祿	僕役	遷移	疾厄
田宅			財帛
福德			子女
父母	**命宮**	兄弟	夫妻

父母	福德	田宅	官祿
命宮			僕役
兄弟			遷移
夫妻	子女	財帛	疾厄

命宮	父母	福德	田宅
兄弟			官祿
夫妻			僕役
子女	財帛	疾厄	遷移

子女	夫妻	兄弟	**命宮**
財帛			父母
疾厄			福德
遷移	僕役	官祿	田宅

財帛	子女	夫妻	兄弟
疾厄			**命宮**
遷移			父母
僕役	官祿	田宅	福德

而宮位內的各種星曜則是代表我們的個性，一開始只有十四個主星和一些主要使用的輔星，建構出最早期的命盤結構（圖五），這樣十四主星基本排列方式可以有十二種（圖六），搭配上十二宮的變化就可以建構出基本的一百四十四種排列組合，再搭配上前面提到的一些簡單的輔星，就可以建構出數千種變化。這是紫微斗數最基礎的建構模式，一方面是取自占星學對於星曜的特質設定，一方面取自易經對於人一出生會有一個天生的命卦，所以用六十四卦加上星曜排列組合而成。例如星曜會有亮度問題以及隨時間有不同組合，因此紫微斗數的主星有所謂的「廟旺平落陷」各種條件（星曜的廟旺平落陷，在各類排盤軟體會有不同的表示，有的直接寫廟旺平落陷，有的是用圈圈三角形圖示）。並且依照每個星曜在不同宮位有不同的設定，以及不同的時間會有星曜產生的變化，如同易經的變爻變卦，同樣一個構成的現象會因為不同的環境因素而產生變動，這就是命盤上星曜下方除了有標示「廟旺平落陷」之外，還會有「化科、化祿、化權、化忌」這些四化的由來。此外，在實際使用上，還有各種易經使用的變化手法，這光看排盤是看不到的。上述這些條件的加入，讓紫微斗數可以有高達二十六萬種甚至是無數種的排列組合，形成目前最精密的命理學系統。

圖五／十四主星在十二宮排列與六吉星、四煞星、鸞喜

天相 天鉞 父母 巳	天梁 天喜 福德 午	廉貞 七殺 火星 田宅 未	鈴星 官祿 申
巨門 左輔 命宮 辰			僕役 酉
紫微 貪狼 天魁 兄弟 卯			天同 右弼 遷移 戌
天機 太陰 文曲 夫妻 寅	天府 擎羊 子女 丑	太陽 文昌 祿存 紅鸞 財帛 子	武曲 破軍 陀羅 疾厄 亥

巨門	廉貞 天相	天梁	七殺
貪狼			天同
太陰			武曲
紫微 天府	天機	破軍	太陽

天相	天梁	廉貞 七殺	
巨門			
紫微 貪狼			天同
天機 太陰	天府	太陽	武曲 破軍

天機	**紫微**		破軍
七殺			
太陽 天梁			廉貞 天府
武曲 天相	天同 巨門	貪狼	太陰

	天機	**紫微 破軍**	
太陽			天府
武曲 七殺			太陰
天同 天梁	天相	巨門	廉貞 貪狼

天同	武曲 天府	太陽 太陰	貪狼
破軍			天機 巨門
			紫微 天相
廉貞		七殺	天梁

天府	太陰 天同	武曲 貪狼	巨門 太陽
			天相
廉貞 破軍			天機 天梁
			紫微 七殺

圖六／十二種主星排列

太陰	貪狼	天同 巨門	武曲 天相
廉貞 天府			太陽 天梁
			七殺
破軍		**紫微**	天機

廉貞 貪狼	巨門	天相	天同 天梁
太陰			武曲 七殺
天府			太陽
	紫微 破軍	天機	

天梁	七殺		廉貞
紫微 天相			
天機 巨門			破軍
貪狼	太陽 太陰	武曲 天府	天同

紫微 七殺			
天機 天梁			廉貞 破軍
天相			
巨門 太陽	武曲 貪狼	太陰 天同	天府

太陽	破軍	天機	**紫微 天府**
武曲			太陰
天同			貪狼
七殺	天梁	廉貞 天相	巨門

武曲 破軍	太陽	天府	天機 太陰
天同			**紫微 貪狼**
			巨門
	廉貞 七殺	天梁	天相

在各宮位內的星曜，表示在各宮位所代表的人事物上，會用星曜的個性與特質去面對環境。例如紫微星表示我們內心尊貴的一面，放在代表感情態度的夫妻宮，表示我們在感情中需要被尊貴地對待，以及感情是自己覺得很驕傲的地方（可以想見這個人不會去找讓自己覺得沒有面子的另一半，也會希望另一半可以把自己捧在手心）。這樣就建構出我們對於命盤的基本解讀觀念——個性與環境的組合，最後再透過時間轉動作出各種交叉比對跟變化。再加上前述的各種條件設定，就可以推算出極為精確的內心想法與現象預測。

不過，萬丈高樓平地起，紫微斗數是一門綜合命理學，可以使用的面向太多，往往讓人忽略基本的組成結構，所以在進入新手村的一開始，我們需要先知道紫微斗數的起源，以及命理學推算的原則是利用環境跟個性，最後知道了基本紫微斗數解盤的觀念，把星曜的特質放在環境中就可以知道這個人面對環境的基本心態跟個性。

特訓專區Q&A

Q1 不知道出生時間怎麼辦？

剛開始學習的人常有這樣的問題。其實紫微斗數高手是可以完全不需要知道命主出生的時間，畢竟紫微斗數包含了易經，所以可以跳脫需要出生時間的限制。但是剛開始學習總是要建立推算命盤的基礎，所以我們從基本的生辰開始學習。

在台灣，只要是一九七二年以後出生的人，都可以在戶政單位查到出生時間，若是在其它國家無法申請查詢，或者在台灣是在一九七二年前出生，建議先不要堅持一定要有明確的命盤，或許可以拿其它命盤來看，等學習一段時間後，有定盤的能力，就可以透過各種現象與事件推演出自己的出生時間。

要特別說的是，許多人剛開始學習時很容易糾結於時間的準確度，這一點固然重要，但是別忘了，學習是一個從大框架開始精雕細琢的過程。學習命理的人因為某些起心動念，往往執著於一旦學了就要會算命，閱讀命理書籍就像期待讀到天書似的，希望翻一翻就看見答案（如果只是要看一下書就立馬知道答案，建議直接找命理師會更快），這樣的心態會讓自己糾結於手上那一兩張沒有正確時辰的命盤，反而一直卡關在某幾張盤上面，這是很可惜的。先拿有明確生辰的命盤來練習吧！沒有生辰的盤，就等以後學會定盤。

Q2 是否要學排盤？

傳統上在初學的時候都會教人排命盤，但是現在是科技網路時代，許多資源在網路上都有。紫微斗數的排盤有基本的公式，依照其公式排出來的盤會有固定的模式，雖然某些小細節可能因為各流派不同而有差異，例如前面提到星曜的廟旺平落陷設定就會有些不同，四化也會有所不同，但是這跟人工排盤還是利用排盤軟體是一點關係都沒有。自己動手排盤和電腦排盤最大的差異是自己會出錯，而電腦不會，所以各種建議要學會自己排盤的邏輯與說法其實非常可笑（例如有人覺得電腦排會出錯，手排不會，其實這只是因為他找的排盤軟體跟他所學的流派不同而已。也有人說不會自己排盤等於不會紫微斗數，那麼我想問，所以我們需要知道怎麼組裝車子才能當司機學開車嗎？）會有這類論點往往是因為他當學生時，他的老師跟他這樣說。或者是他當年在學習排盤上，下了苦心，而且覺得自己會手排很厲害（就好像人們普遍認為開車手排比自排厲害，有點虛榮感）。真心建議剛開始學習紫微斗數不需要花時間在這上面。命理學重視的是推算能力，你要認真學習的應該是推算。雖然不可否認地，學會自己排盤在學習後期的某些推算上可以更快速，但是注意了，「可以更快速」跟「準度」其實沒有直接關係，我們總要先學會走才能夠跑對吧！

至於該如何選擇各家排盤軟體，因為紫微斗數的排盤其實只是套用公式，所以目前常見的排盤軟體或者app，其實程式都寫得不錯，網路上搜尋一下應該就可以找到很多，也不用太擔心有錯誤，以下提供我們學會所開發的排盤軟體（網址：https://app.dreamkinin.com）。

Q3 如果在美國出生怎麼換算時間？

前面提到紫微斗數已經不再只是占星學，它也跟易經做了結合，所以紫微斗數是用占星學的分析方式來處理易經對於天地宇宙的聯繫的訊息，因此不需要依照占星學去推算經緯度，在哪個地方出生就是你跟那個地區文化與時空的緣分。例如在美國紐約出生，用的就是美國紐約當時的時間就可以了，不需要因為紫微斗數是華人的命理學就換算成北京時間或台北時間、香港時間。試想，如果要換算的話，那是否應該換算成長安時間或南京時間呢？這從邏輯來看就知道不可能。既然不再是占星學經緯度的應用，只是一個了解你在哪裡出生的方式，就只需要使用當下的時間狀態就好。

唯一目前會有的小問題是，某些國家與地區有自己的時間規定，這個規定可能跟我們實際上的生活作息有誤差。一般來說，我們會依照所制定的時間進行生活作息，或者說時間的制定本來就是為了讓社會群體有相同的生活作息規範，依照這個大家有共識的規範，大家可以有共同的社會構成要件進而產生文明，所以「時間」其實只是說明了我們的生活背景。但是在某些國家或地區卻會有不同公定時間的生活規範，例如在中國全部依照北京時間為主，在馬來西亞也全部依照首都時間為主，可是整個國家卻是跨越了好幾個時區，所以整個國家內各地的「實際時間」可能有所不同，例如北京人已經在吃晚飯了，甘肅人可能還在喝下午茶，但是他們用的時間標準卻是相同的，這時候我們就會用所謂的「真太陽時」，這表示用太陽真正走過的路線，換算出來的時間計算，用以反推人們生活作息的實際狀態，讓命盤的時間設定更貼近生活情況與真實人生。又例如傳說新疆地區維吾爾人有自己的計時方式，作為他們的生活起居的作息規範時間，那麼就需要用這個時間去排列出紫微斗數命盤。至於其它地區或國家的人，都只需要依照自己出生地當時出生的時間做命盤排列就可以了，不需要特別換算。

如果是在美國出生不久後回到台灣，在台灣長大成人呢？這時候我們通常還是會用美國時間來排列命盤，若實際情況更為複雜，則可能換算台灣時間去做兩張盤的分析。但是畢竟遇到這種情況的機會不多，所以在剛開始學習的時候都可以先不考慮，就如同前面提到的，不需要讓學習淪陷在是否有出生時辰。

Q4 早子、晚子該怎麼區分？

傳統的華人命理學跟計時方式只有十二個時辰，而占星卻有二十四個小時，所以在融合的過程中會出現一個疑問：如果出生時間正好落在跨隔日的時候，要依照哪個時間點呢？應該用二十四小時制，從晚上十二點結束開始算？還是用十二時辰制，從亥時（晚上九點到十一點）結束開始算呢？這個問題一直都是有爭論的，有的人認為紫微斗數用的是太陰曆，也起源於占星，所以應該用二十四小時制；但是有的人認為傳統命理學的天干轉換用的是太陽曆，所以用十二時辰制也不無道理。

對於這個部分，我的建議是用十二時辰制，但是在輸入命盤的時候會遇到所謂的早子時跟晚子時的問題，早子時是從零點到清晨一點，晚子時是從晚上十一點到晚上十二點，簡單來講，早子時就是早上的子時，晚子時就是晚上的子時，當進入今天的晚子時其實就是進入隔天。如果依照十二時辰制的話，排盤軟體會設定為「晚子視為隔日」。因為我建議大家用排盤軟體排盤，所以這個部分了解就好，不用太過在意，因為排盤軟體會自動幫你排好命盤。

另外一個問題是，出生時間剛好在快要換時辰或是剛好整點的時候，那到底要算是哪個時辰呢？例如早上五點出生，但是五點可以是三點到五點的寅時，也可以是五點到七點的卯時，到底要算哪一個呢？

依照易經天人感應的論點，人出生吸第一口氣才開始跟天地產生關係，所以從五點出生到醫生打你屁股要你快呼吸讓你哭哭，這需要一點時間差，因此「整點時間」通常會被視為是下一個時辰，所以五點整點通常被視為是卯時。

不過，各流派因為論點不同，對於出生時間落於兩個時辰中間有不同的看法，香港甚至有流派會把這樣的盤差喚出九張命盤，交叉比對後找出真實屬於命主的命盤。不過在台灣實際的應用通常是兩個時辰的盤交叉比對，找出最像的就可以了。不過話說回來，有許多老先生老太太因為時代的關係，五、六十年來一直都使用錯誤時辰的命盤來算命，卻還是準確，這是為什麼呢？其實正是因為命盤的產生是依照當下與自己有關係的社會環境跟宇宙因緣，自己常用的那個時辰即使是錯的，也表示那是跟自己有因緣的時間，所以會準確。

Q5 各種不同流派該怎麼分辨？

紫微斗數因為系統龐雜，流傳的過程中必然會有人特別擅長某一類論點，所以長久下來就形成各式各樣的流派。這就像跆拳道起源於空手道，主因是因為韓國人被日本統治期間學習到空手道，但是他們善於用腿，所以將空手道的腿部應用更加發揚光大，而成為跆拳道。許多學問的轉變都是如此，從簡而繁（增加應用能力）又從繁而簡（方便學習與傳承），這個過程是流派產生的原因，所以基本上各流派有各自的優缺點，我們只需要注意所學習的流派是否有以下的問題，就知道是否值得學習。

1. 是否有邏輯，是否前言不對後語。例如本來說命宮空宮不好，後來又跟你說有個好個格局叫明珠出海格（明珠出海格的命宮即空宮。這是目前坊間最常見的論點，十分可笑）。
2. 是否有完整的學理論述。紫微斗數至少該有代表天生特質的基本盤，與代表時間變化所產生不同於本命價值的運限盤，讓我們可以知道天生的個性特質以及某個時間點的生活態度。畢竟除了李奧納多只喜歡二十五歲女生，大多數人二十歲、三十歲、四十歲喜歡的感情對象會隨年紀而不同，我們不可能用一個本命盤的夫妻宮就來討論一生的感情，如果只討論本命盤，還用本命盤討論你現下的財運或歷任感情，這代表連基本邏輯都是錯的。

3. 書籍讀起來會不會昏頭轉向。寫書是一種作者對自己學理的整理過程，如果作者本身學理能力不佳，自然寫出來的內容結構就不完善，看的人也容易昏頭轉向。

4. 是否裝神弄鬼。紫微斗數是因為需要而被整理出來的，經過上千年累積眾人的智慧，必然具備嚴格的邏輯結構。套用宗教論點跟說是鬼神所傳的，通常是因為那個老師自身學理能力太差，只好把自己解釋不出來的事依託為神明所說。

5. 只會背誦古文卻無法作出解釋。這通常也是因為本身沒有學通，所以無法將觀念內化成為自己的論述，只能一直借用古文甚至扭曲古文，望文生義，這樣的論點通常有問題。例如廉貞七殺加上擎羊星，古書說是「路邊埋屍」，因此解釋成橫死街頭。其實路邊埋屍跟橫死街頭根本是兩件事情啊！請問，我不能死在家裡埋在路邊嗎？我不能橫死街頭埋在家裡嗎？難道非得是死在路邊埋在路邊嗎？各位，這不是很奇怪嗎？更別說「路邊埋屍」其實是出自竹林七賢對人生自在放逐的自我期待，希望自己可以自由自在，如果哪天死了，路邊隨便埋一埋就好的奔放態度，根本跟橫死街頭無關。

6. 論述迂腐不化的（無論書籍或老師）。比如說，女人就該好好嫁個老公，只要二婚、晚婚都代表婚姻不好，離婚就是人生失敗，這種各類傳統封建思想的論點，通常也是錯誤的。命理學是要讓人找到人生的價值，而不是用社會價值去評斷自己的人生。如果有這樣的論點，即使這個老師所學是正確的，也會因為他自己的想法而讓命盤解讀被扭曲，因為命理學討論的是實際狀況，不是老師的價值觀。

7. 覺得命理師幫人算命要背業障、要帶天命的。這些論點其實根本就是江湖術士的話術！若照這個說法，醫生、救生員、氣象局員工應該都短命才對。

如果有以上這些說法，通常這個老師是有問題的，這就不可能會是一個好的流派，因為真正學通命理的人不該有這樣的問題發生。

Q6 陽曆和陰曆如何換算？實歲虛歲該怎麼換算？原理是什麼呢？

紫微斗數用的是太陰曆，也就是傳統上說的農曆時間。初學者會迷惑於兩個曆法的換算，建議大家不用浪費時間換算，因為排盤軟體通常會幫大家設定好萬年曆，自動換算，因此建議大家都輸入陽曆的出生時間讓軟體自動換算就好，一方面自己不用花時間去學習曆法，一方面可以避免記錯農曆生日，例如你是某年閏四月出生，但你可能會記成是四月出生，那麼這就出問題了，因為時間會不一致，所以統一以陽曆輸入排盤軟體是最簡單的方式。至於有些地方會有夏季節約時間，這個部分直接用當下的時間就可以了，不用換算。

一般來說，紫微斗數在討論每個人歲數的時候用的是虛歲，例如二十八歲的命盤是用虛歲二十八歲所產生的命盤。實歲是用出生年減去當下年份，而虛歲就是這個得出來的數字再加一，例如2000年出生的人，在2023年農曆新年一過，就會變成實歲23歲、虛歲24歲。這是因為前面討論到的社會文化跟環境的影響，傳統上我們會將在母親肚子內的十個月當成是生命的開始，所以人一出生就是一歲了，過了年就是兩歲，這是虛歲的計算原理，但是紫微斗數在討論十年時光的運限盤大限盤用的卻是實歲，原因在於那是實際在你生命中產生的十年時間，所以要用實際的十年時間去算。（圖七）

圖七／大限盤、小限盤

56~65
8.20.32.44.56
僕役
巳
66~75
9.21.33.45.57
遷移
午
76~85
10.22.34.46.58
疾厄
未
86~95
11.23.35.47.59
財帛
申
46~55
7.19.31.43.55
官祿
辰
小限命宮
96~105
12.24.36.48.60
子女
酉
若命主為西元 2000 年出生男性，於 2023 年時的大限與小限命宮
36~45
6.18.30.42.54
田宅
卯
106~115
1.13.25.37.49
夫妻
戌
大限命宮
26~35
5.17.29.41.53
福德
寅
16~25
4.16.28.40.52
父母
丑
6~15
3.15.27.39.51
命宮
子
116~125
2.14.26.38.50
兄弟
亥

Q 7

是不是有天命的人學得比較好？

前面提到，每個學習命理學的人都有自己的起心動念學習的原因，其中有一種是天生好奇或者某個時間點突然出現好奇心。在紫微斗數上，這通常是代表「個人特質」的命宮或代表「靈魂跟精神」的福德宮，也可能是代表「人生價值呈現與追求」的官祿宮，有出現博學、好奇的星曜，例如巨門、貪狼、天梁、天機這一類，或者是在某個時間點，自己的命宮、福德宮、官祿宮遇到這些星曜，這時候會因為對人生的好奇心而想要多了解，自然而然想學習命理或各類相關學術與題材的學問。

有好奇心想學習，通常都會學得好，各種學問都一樣。例如一位男孩在某個時間點因為覺得打籃球很帥所以想學，學了以後發現自己學得不錯，還可以擄獲女生目光，於是就一直學下去。因此所謂的天命說其實只是我們每個人對各類事物本來就會有自己的天分以及緣分。有天分就有相對好的學習能力，有緣分表示會有環境讓我們對那樣事物有興趣，當然容易學得好。不過，我們也可以將命理學當成是一個人生需求去學習，例如游泳、烹飪，不見得要帶天命，因為天命說通常也只是一種話術而已，方便命理師讓你覺得自己與眾不同，好收你當學生，或者是命理師為了展現自己是天選之人，好讓你乖乖付錢。真要說起來，每個人會對不同學問有各自的天命，有各自的天分，但是這不表示沒有天分就不能學習，有天分的人學大提琴可能成為馬友友，但是一般人也可以學來娛樂自己，或是增加自己的能力，這才是正確的學習命理學的觀念。

Q8

算命會不會越算命越薄？幫人算命會不會折壽？

這樣的論點，無論是誰說的，都可以知道他不懂什麼是命理學，或者說他也不知道什麼是佛教因果論，只是道聽塗說而已（而且聽到的還是江湖術士或可能書念得不太好的宗教人士所說）。我們常說任何學問其實都可以被邏輯檢驗，即使是無法用科學儀器證明的事情，也都可以用邏輯去反推檢視，不能被邏輯檢驗的玄學通常只是神話故事罷了，那麼我們當成神話聽聽就好了。

我們都知道，算命是預測未來，那為何去算命的人的命運會越算越糟，替人算命的人會折壽呢？普遍的說法是，因為預先知道未來，便可能會改變未來，幫人改變了未來，那麼可能別人的因果業報就會轉移到你身上，那你就要背業障了。

這論點基本上就是對於佛教的因果業報論有誤解。在因果論裡面，有一個重要的觀點就是「今生業為前世果，來生果由今生種下的業」，因果業報由自己決定，即使是釋迦摩尼佛也無法幫你改變。那麼，釋迦摩尼都做不到的事情，到底你何德何能覺得你可以做得到呢？既然做不到，那又何必擔心自己會因為改變了他人的因果而得到報應呢？因此，每每聽到這樣的論點，我就感到可笑，到底為何可以唸兩本經書，就自比佛菩薩的大能，更別說佛菩薩都不敢說自己改變因果了。再者，如果預測事情改變現象就要背業障，那氣象局員工為大眾預報天氣，醫生、救生員救人，不都是在改變狀況嗎？命理師算命準不準未可知，但這些人都是扎扎實實地在改變別人的生命，難道這些人都會早死嗎？可見這通常是一種騙人的江湖話術，好讓你心甘情願掏錢給那個命理師。再退一萬步來說，若一個命理師無法解決這些問題，你對他還有什麼好期待的呢？就像如果一個胖子說可以教你減肥，你會相信嗎？

至於命越算越薄，是一種勸人不要迷信算命的說法，畢竟有許多人算命只是找一個認同，如果不認同這個命理師說的，再找下一個，一直找一直換，但是自己卻不改變，當然會覺得自己越來越倒楣，命越來越差。我所知道會「越算越薄」的只有鈔票，絕對不是命。

Q9

天哭、空劫等可怕的星曜在命宮，是不是會很倒楣？

前面提到了，紫微斗數在完成的過程中集合多種傳統命理學的特質，以目前在台灣流行的流派來說，最後完成的紫微斗數有主星加上輔星、雜曜總共一百零八顆星，但是在早期的紫微斗數中，這些星曜根本不存在，甚至目前有許多流派不討論這些星曜，論命依然準確，這是因為這些雜曜其實都是為了補足原始結構中可能有遺漏的部分而借用的，但是在使用上仍需要依照原始的紫微斗數結構去應用與解讀，所以當然不會只因為一個小星曜在命宮就讓自己倒楣。

尤其空劫星的用法更是需要去討論到紫微斗數在完成的過程中對於宮位的邏輯設定，有其複雜性，有興趣的讀者可以參考我的部落格和免費教學影片。在初學的時候可以不用去管雜曜，因為大多數時候都不會用到，這也是為何台灣某些厲害的流派不論這些星曜，結果一樣會準確。

Q10 空宮是不是很慘，我的夫妻宮是空宮，是不是一輩子沒有婚姻呢？

如果看到聽到這種說法，無論是哪個老師、哪一本書，都可以直接認定這個老師連紫微斗數的基本邏輯都沒學好。先不要說紫微斗數中明定的好格局「明珠出海格」就是命宮空宮，也不要說當空宮出現的時候，往往是形成雙祿交馳的好機會，最重要的是，在現代一個人有沒有婚姻根本是自己可以決定的。因此，這樣的說法無非就是江湖術士用來騙人的說詞，不但直接賦予空宮負面的意義，也囿於迂腐的價值觀，認為沒有婚姻就是不好。更何況，依照台灣的離婚率，結婚十年內有一半的夫妻會離婚，這樣高的機率，幾乎不論夫妻宮有哪一顆主星，大概都可以被認定為沒有婚姻。

★ 新手村通關小測驗 ★

小明想學好紫微斗數，他覺得現在網路發達，應該可以自己找到資料學習，這時候我們該給他什麼建議呢？

答案／

在網路發達的年代學習紫微斗數，優點是資料搜尋很方便，有許多免費的影片跟排盤軟體可以參考與使用，所以建議直接利用排盤軟體，並找到自己認同的學術論點或是老師去學習。但要注意，市面上的相關書籍的正確性與品質良莠不齊，許多人可以自費出書、可以拍影片、寫文章，滿滿的資料容易讓人不知道該怎麼分辨，最簡單的方法就是看看文章言論是否邏輯有問題、前後不一，或者是裝神弄鬼，或是根本就是胡亂解釋。

第三步

了解自己的環境，才能了解自己：宮位

紫微斗數用「宮位」代表人會遇到的時空環境。命盤上有十二宮，這十二宮彼此之間的關係是固定的，也就是命宮的順時鐘一格一定是父母宮，逆時鐘一格一定是兄弟宮，不過每個人命宮的位置不一定相同。除了宮位的位置，我們還需要知道命盤分為本命盤和運限盤，才能對整個命盤結構有基本的了解。

★本命盤代表一個人的天生價值觀跟特質

十二宮

- **命宮**：一個人的主要價值觀跟特質。
- **父母宮**：一個人與父親的關係。因為在一個人出生前，他的父親就存在於這個世界上，所以這時候即使用本命盤也可以討論他的父親是怎樣的人。
- **福德宮**：一個人的精神狀態跟天生運氣。
- **田宅宮**：天生對於家的看法，以及小時候的家庭狀況。
- **官祿宮**：一般來說是指工作。其實官祿宮是一種人生價值的呈現，以及日常生活的重心，只是一般人通常把工作當生活重心，所以被稱為「官祿宮」。因此，如果是家庭主婦，官祿宮就可能表示她對家庭跟婚姻的經營；如果是學生就可能是學業。
- **僕役宮**：這個宮位在現代的排盤軟體通常稱為交友宮，指對於朋友的態度與原則。
- **遷移宮**：這個宮位很特別，表示一個人的內心，以及內心期待自己展現於外、讓他人知道的樣子。很多初學者無法理解這個宮位的邏輯與解釋，無法理解為何內心會跟外在表現有關係。我們這樣想好了：一個內心期待人緣好的人，通常也比較容易展現出與人相處融洽的樣子。

- **疾厄宮**：這個宮位表示一個人的身體狀態，以及對待、使用身體的態度，所以長相跟天生身體特質是看這個宮位。例如骨骼粗大是天生的，可以看疾厄宮，但是受傷是一個現象，人不會天生受傷，所以受傷要看的不是本命盤。
- **財帛宮**：一個人對金錢所抱持的態度，跟獲取與使用金錢的能力。
- **子女宮**：一個人對於任何跟子女有關係的事情的態度、觀念與能力，包含性生活。
- **夫妻宮**：天生對於感情的態度跟看法。
- **兄弟宮**：天生對兄弟姊妹的態度跟相處觀念。

以上是本命盤十二宮的基本解釋，本命盤是上天給予的，所以說的是天生的個性跟特質，但是初學者很容易把「個性特質」跟「現象」混為一談，例如用本命盤夫妻宮討論自己現在的老公。可是，現在的老公難道是你一出生就跟你手牽手一起哇哇墜地嗎？真有這個人也是你的雙胞胎兄弟，不會是你的老公。所以初學的時候，切記要搞清楚自己所解釋的，到底是天生的個性特質還是現象。本命盤只有父母宮和兄弟宮因為是你一出生就存在的人，所以除了用來討論天生特質，也可以被當成現象來看。

此外，十二宮位還有一個重要的觀念，就是可以將某一個宮位當成命宮，去討論另外一個宮位。舉例來說，把父母宮當成爸爸的命宮，那麼兄弟宮會剛好成為爸爸的夫妻宮（圖八），也就是你的媽媽，所以兄弟宮也可以拿來討論「母親」。這個論點在某些流派被大量應用，不過建議大家在初學的時候，其實不必要大量使用這個觀念，因為還有更好的方式來解讀。初學者只需要使用兄弟表示當媽媽的特質狀態就好。

身宮

命盤上還有第十三個宮位——身宮。身宮只會出現在本命盤，指的是我們一生會重視的事情。該怎麼重視呢？這就要看宮內的星曜了，這是我們在這個時空環境所呈現的樣貌。不過，各位要理解「重視」的方式有很多，例如當身宮在夫妻宮，代表重視感情，但是不談戀愛可能也是我們對感情的一種重視方法，因為重視感情不見得就非要追求或獲取一段關係。

圖八／把父母宮當成爸爸的命宮，兄弟宮會剛好成為爸爸的夫妻宮

三方四正

命盤中還有一個重要的結構叫做三方四正，意思是每個宮位分別往順時鐘算五格、逆時鐘算五格，加上對面的宮位，形成所謂三方四正（圖九）。

這表示每一個宮位，其實都是由主要宮位的個性特質以及其它三個宮位的個性特質所組成。例如以命宮為主，命宮代表一個人的主要個性特質，並且透過對於人生價值的追求（官祿宮），跟對於財務的應用能力跟態度，同時也是一個人支持生命的泉源（財帛宮），以及自己內心與對外展現出來的樣子（遷移宮）組合成一個人基本的構成，所以在紫微斗數中，人會有多樣的面向，不會是單一的樣子。又例如夫妻宮的三方四正（圖十），表示一個人對於感情的態度價值會受到遷移宮（一個人的外在人緣）、福德宮（一個人對於精神的追求，感情狀態影響了精神狀態），還有官祿宮（感情狀態對於工作的影響，以及在外所展現出來的感情態度）所左右。

圖九／以命宮為例的三方四正

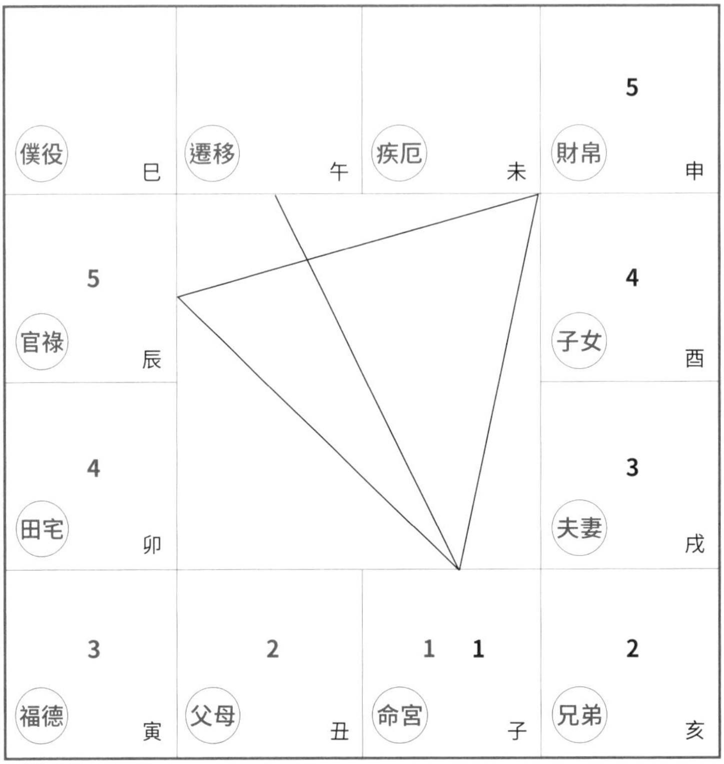

圖十／夫妻宮的三方四正

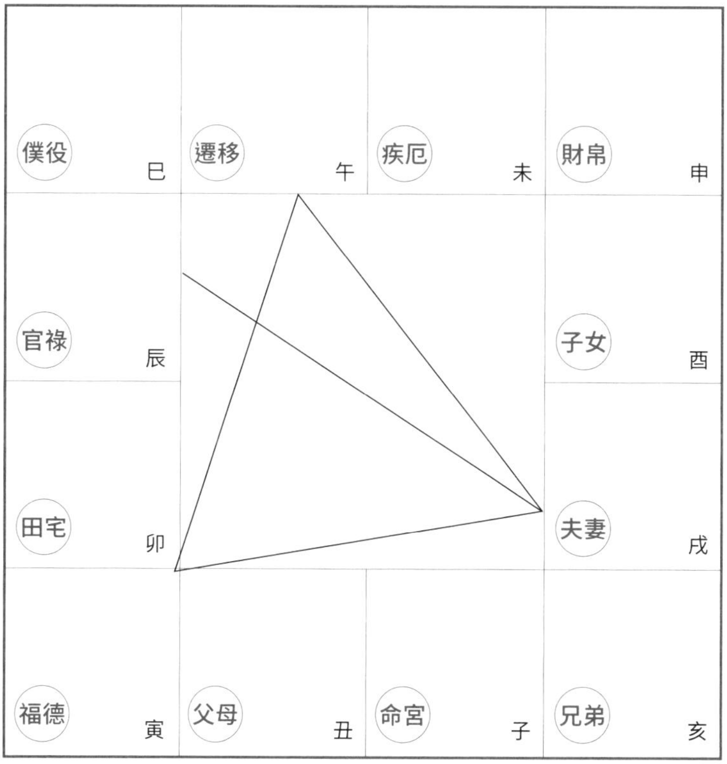

★實際出現「現象」的命盤是運限盤

運限盤的意思就是：在某一段時間內，你會發生的事情。運限盤可以分為：

大限

依照自己某個時間的歲數區段，所定出的命盤，我們可以看到本命盤的每一個宮位會標示有兩個區間為十的數字，例如「23～32」，這表示實歲23歲到32歲，指的是這個宮位會代表23～32歲這個時間區段的運勢狀態，用這個宮位當大限命宮，並依序排列出十二宮就會得到大限命盤，這表示這十年內自己的個性想法，還有依照個性想法所產生的決定，以及因為這些決定所產生的現象。

小限

即自己虛歲所在的宮位。在本命盤十二宮內可以找到一組六個數字，通常標示在宮位名稱的下方。這些數字代表自己的虛歲歲數。和大限盤一樣，找到虛歲歲數的所在宮位，當成小限命宮，就可以依序排列出小限命盤，這表示在這個虛歲內，因為自己做的決定所產生的現象。

流年

流年命盤代表的是整體環境對人的影響，既然是整體環境，就表示所有人的流年命盤都是一樣的，因為這是依照每一年的生肖所制定的盤，例如2023年是癸卯年，屬兔，我們就找命盤上面標示「卯」的宮位，用該宮位當作流年命宮，再依序排列出流年十二宮，成為一張流年命盤。流年命盤的涵義是，因為外界環境影響我們而產生的現象狀態。

綜上所述，從運限盤才能夠看到我們真正的感情狀態、財務狀態、工作狀態……等等。例如想看自己跟老公的感情狀態，要看大限命盤夫妻宮；如果是剛新婚，那麼可以看流年命盤夫妻宮，如此才能解讀「目前」的感情狀態。

再舉個例子，「老公都不回家」這是一個狀態，那麼可以看流年命盤官祿宮。這是因為：官祿宮也代表感情展現於外的樣子，而流年官祿宮可以呈現出現象；你當下有個老公（這是外人看到的你的感情狀態），所以看你老公的樣子其實要看運限盤官祿宮，才能夠看出「情人的狀態」、「當下認識的情人的樣子」。

學到這裡就可以知道，如果一個人的本命盤財帛宮是紫微星，紫微星是一個需要尊貴的星曜，所以這個人天生的用錢個性跟特質，要能夠滿足自尊心，賺錢的方式也是要尊貴的、讓人羨慕的；如果是大限命盤的財帛宮，就可以説這個人現在的工作或現在追求的賺錢方式，是要備受羨慕、讓自己有面子的；如果是流年財帛宮，可以説這一年因為環境的影響，這個人會花錢買一些讓自己覺得有面子的東西。這就是紫微斗數基本的解盤邏輯。

特訓專區Q&A

Q1 夫妻宮是空宮，裡面沒有主星該怎麼解釋？

一般來說，宮位內沒有主星會被稱為空宮，但是一個宮位的解釋基本由四個宮位組成，也就是前面提到的三方四正的概念，所以不必擔心宮位內沒有主星，因為它本來就不是只由單一宮位所組成。更不用擔心夫妻宮空宮是沒有老公、老婆。空宮的時候，我們可以把對宮的主星借過來解釋，如果同時間對宮的主星有四化，也可以一起借過來，所以有時候反而因此造成不錯的組合。但是如果空宮的宮位內有擎羊、陀羅、火星、鈴星、文昌、文曲這六個星曜的其中一個，就無法借對宮的主星來用（圖十二）。

這幾顆星曜雖然不是主星，但是都表示自己的原始情緒，所以無法把對面宮位的主星借過來用，在初學的時候可以直接把這些星曜當成主星去解釋涵義。

圖十一／可借與不可借

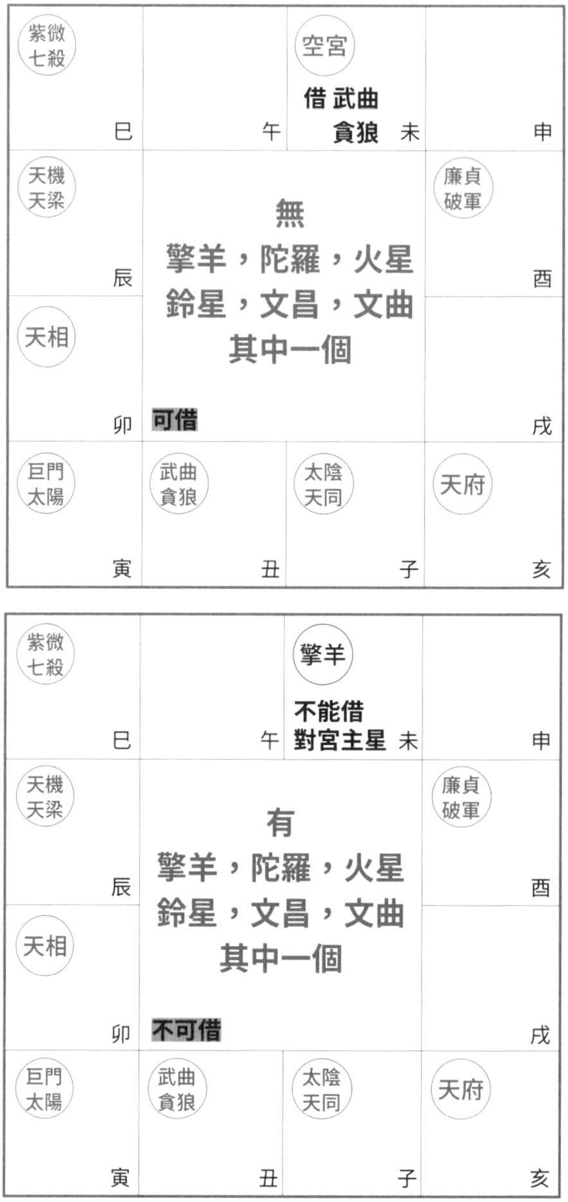
紫微
七殺
巳
午
空宮
借 武曲
貪狼
未
申
天機
天梁
辰
無
擎羊，陀羅，火星
鈴星，文昌，文曲
其中一個
廉貞
破軍
酉
天相
卯
可借
戌
巨門
太陽
寅
武曲
貪狼
丑
太陰
天同
子
天府
亥
紫微
七殺
巳
午
擎羊
不能借
對宮主星
未
申
天機
天梁
辰
有
擎羊，陀羅，火星
鈴星，文昌，文曲
其中一個
廉貞
破軍
酉
天相
卯
不可借
戌
巨門
太陽
寅
武曲
貪狼
丑
太陰
天同
子
天府
亥

Q2

身宮是不是代表一輩子的問題？

身宮原始的涵義是自己一輩子追求的價值，但是因為人在成年後才有能力自主地去追求自己想要追求的事情，因此身宮往往被認為會在三十歲以後產生影響力，甚至有許多論點說身宮是後半輩子的命宮。其實這些說法這都是偏頗的，雖然人的確要有能力才能夠追求自身重視的價值，而往往年紀越大也越在乎自己所追求的事物，但是如果有的人二十歲就獨立自主，天生個性固執獨斷，他何必等到晚年呢？相對地，有的人個性搖擺，年紀再大也不一定會重視自己的價值追求。

Q3

為何文昌、文曲跟四煞星在空宮內，就不能借對宮的星曜呢？

在最古老的紫微斗數中，只用了十八顆星，其中文昌跟文曲雖然不是主星，但是它們各自代表一個人的理性跟感性層面，而且會直接影響主星的情緒，影響力不亞於主星；而四煞星（擎羊，陀羅，火星，鈴星）表示人無法控制的心理情緒。

一般來說，每個主星會有對外的樣貌，例如貪狼是慾望，對宮如果是務實的武曲，表示這個慾望會受到內心武曲星務實層面的控制，因此會去衡量自己的慾望是否可以被務實地達成。所以，貪狼在夫妻宮，如果對宮是武曲，往往看起來很期待異性關係，也願意與人結識，但是實際上要深交卻不容易，因為武曲對感情的態度其實會有務實的考量。這從某個角度來說，也就讓人覺得其實每個人都會有自身原始個性跟表面個性的差異，回歸到命盤上，如果是空宮又可以借星曜，往往就會變成表裡如一。如果不能借星曜，基本上可以把文昌、文曲以及四煞星當成這個宮位的主星去解釋涵義即可，因為這些星曜會有自己理性跟感性的層面，或者某些自己無法妥協的情緒，這是不能借的基本原因。

Q4

對宮代表內心，為何也表示在外的展現呢？

這是初學者常常迷惑的問題，也是紫微斗數很重要的一個關鍵。人其實會因為內心想法而對外展現出態度，所以內心也會同時代表了外顯的部分。大家不好理解的是，宮位內的情況是依照宮內星曜而呈現，問題是同一個星曜要怎麼呈現兩種狀態呢？這就要說到每個星曜其實都不會只有單向的涵義，星曜基本解釋會依照宮位涵義而變化，這一點我們在後面討論星曜時會說到。所以，每個星曜其實本身就具備了內外兩個意思，例如前面提過的貪狼內在的原始涵義是慾望，放在遷移宮時，對外顯現出來的就是：內心的慾望讓他在外展現出與人為善、人際關係很好。每個星曜都存在這樣的內外特質。如果是夫妻宮的對宮官祿宮，就可以被視為是感情的內在，所以夫妻宮武曲的人，對待感情會有務實的態度，希望感情不只是浪漫而已，這時候對宮如果是貪狼，就表示他的內心期待找到一份能夠務實建立的感情，正因為有所期待，所以他就會展現出與異性友好往來的態度，但是本質上他的感情態度是務實的，所以他還是不會接受那些他認為只是風花雪月的對象。

Q5

我的命宮在四馬地，是不是一生奔波無法安定呢？

十二宮有各宮位的自身涵義（圖十二），說的都是宮位本身基本的結構狀態，四馬地代表變動，所以我們可以發現會出現在四馬地的星曜組合都是比較容易有變動的。（圖十三）

圖十二／十二宮的四馬地，四墓地，四桃花地

四馬地 巳	四桃花地 午	四墓地 未	四馬地 申
四墓地 辰			四桃花地 酉
四桃花地 卯			四墓地 戌
四馬地 寅	四墓地 丑	四桃花地 子	四馬地 亥

巨門	廉貞 天相	天梁	七殺
貪狼			天同
太陰			武曲
紫微 天府	天機	破軍	太陽

天相	天梁	廉貞 七殺	
巨門			
紫微 貪狼			天同
天機 太陰	天府	太陽	武曲 破軍

天機	紫微		破軍
七殺			
太陽 天梁			廉貞 天府
武曲 天相	天同 巨門	貪狼	太陰

	天機	紫微 破軍	
太陽			天府
武曲 七殺			太陰
天同 天梁	天相	巨門	廉貞 貪狼

天同	武曲 天府	太陽 太陰	貪狼
破軍			天機 巨門
			紫微 天相
廉貞		七殺	天梁

天府	太陰 天同	武曲 貪狼	巨門 太陽
			天相
廉貞 破軍			天機 天梁
			紫微 七殺

圖十三／四馬地星曜

太陰	貪狼	天同 巨門	武曲 天相
廉貞 天府			太陽 天梁
			七殺
破軍		紫微	天機

廉貞 貪狼	巨門	天相	天同 天梁
太陰			武曲 七殺
天府			太陽
	紫微 破軍	天機	

天梁	七殺		廉貞
紫微 天相			
天機 巨門			破軍
貪狼	太陽 太陰	武曲 天府	天同

紫微 七殺			
天機 天梁			廉貞 破軍
天相			
巨門 太陽	武曲 貪狼	太陰 天同	天府

太陽	破軍	天機	紫微 天府
武曲			太陰
天同			貪狼
七殺	天梁	廉貞 天相	巨門

武曲 破軍	太陽	天府	天機 太陰
天同			紫微 貪狼
			巨門
	廉貞 七殺	天梁	天相

星曜代表自己的個性在各個宮位中的展現，所以其實不是因為在四馬地容易有變動，而是通常在四馬地那四個宮位中的星曜都容易接受變動狀態，或者本身比較不喜歡穩定狀態。因為自己的個性容易接受環境變化，或者自己個性喜歡追求變化，自然而然就會被說成好像一生容易奔波。我們人常常把自己願意去做跟喜歡去做的事情，在做得不好或遇到困難的時候推給命運，說那是因為上天給的、是命運的安排，其實不過就是自己的選擇而已。

Q6 那麼多張盤怎麼使用，是不是要疊在一起看呢？

到這個階段，我們已經知道了紫微斗數不是只有本命盤，也了解到，本命盤代表天生的個性特質，運限盤代表在該運限時間內，無論是因為個性或環境而做出的決定所產生的現象，所以這些盤基本上是可以分開來看的。但是，紫微斗數真正厲害的是立體化的疊宮概念，也就是這些盤可以透過彼此疊併，傳達出彼此影響而成為前因後果的關係，進一步推算出現象產生的原因，以及因為現象影響我們的個性的情況。

疊宮的最基本原型是身宮，身宮所疊併的宮位會是人一生在乎的價值觀，因為身宮只疊併本命盤，本命盤是影響一輩子的，所以身宮影響的是一生的價值觀，疊到哪個宮位就是重視那個宮位，至於如何重視跟追求則要看宮內的星曜，這是身宮的基本解釋，也是疊宮的基本原型。依此類推，我們可以知道，下面的宮位（時間比較長的宮位）疊併著上面的宮位（時間比較短的宮位），下面的宮位就會是基本的起因、原因，上面的宮位會是因為下面宮位所產生的現象。（圖十四、十五）

圖十四／疊宮

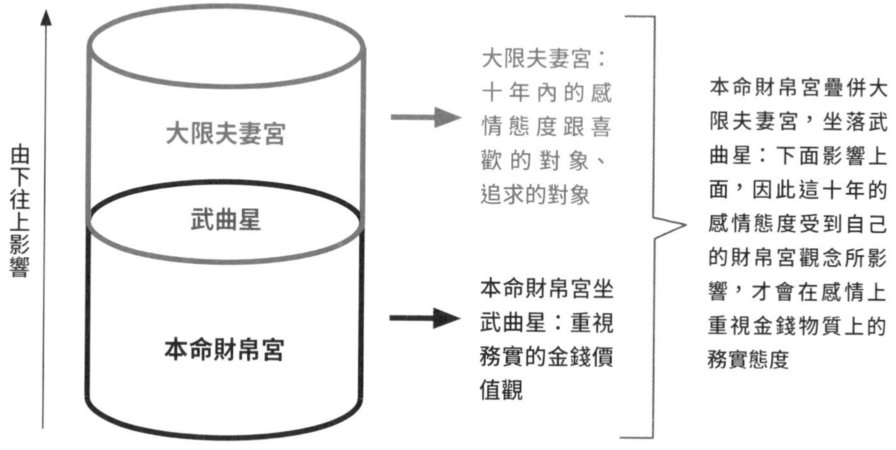
由下往上影響
大限夫妻宮
武曲星
本命財帛宮
大限夫妻宮：十年內的感情態度跟喜歡的對象、追求的對象
本命財帛宮坐武曲星：重視務實的金錢價值觀
本命財帛宮疊併大限夫妻宮，坐落武曲星：下面影響上面，因此這十年的感情態度受到自己的財帛宮觀念所影響，才會在感情上重視金錢物質上的務實態度

下面宮位是本命財帛宮武曲星，重視務實的金錢價值觀；上面宮位是大限夫妻宮，大限夫妻宮代表十年內的感情態度、喜歡的對象、追求的對象。下面宮位影響上面宮位，所以這張命盤的前因後果是：這十年的感情態度因為受到自己的財帛宮觀念所影響，才會在感情上有重視金錢物質的務實態度。

圖十五／流年夫妻宮狀況，往下影響了自己的理財態度

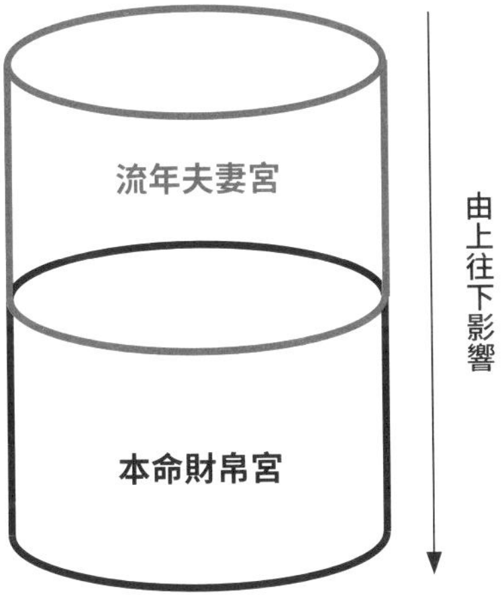

同樣地，也可能因為今年的流年夫妻宮狀況，往下影響了自己的理財態度。

這是疊宮的基本用法。如果是流年官祿宮疊本命夫妻宮，則表示：今年自己本命的感情態度影響了外界環境給我的工作情況。當然也可以流年盤疊大限命盤疊本命盤，基本上就是疊併三張盤就好，如果有機會討論到流月，那就只能用流月盤、流年盤跟大限命盤，這是初學者基本的用法。不過在初學階段，我們會建議先討論兩張盤，再慢慢增加到三張盤疊併，各位可以透過自己熟悉的命盤去做這樣的推演跟驗證，慢慢地熟練盤與盤的連結關係。

Q7 疊宮的時候，也要用四化嗎？

既然疊宮能讓命盤更加立體，透過上下宮位彼此的聯繫導出前因後果，那麼利用這個觀念我們就可以更清楚知道，所謂的「個性決定命運」的基本命理原則到底在某個時間點幫我們做了什麼決定，幫我們產生了什麼樣的現象，也可以知道在某個時間點內，什麼事情影響了我們天生的價值觀，而讓我們做出不同於過往的判斷與行為，這讓整個生命的預測立體很多。既然是如此的結構，宮內的星曜無論是煞星或四化，當然就是一起判斷使用，因為這本來就是彼此影響的。

Q8

煞星放在宮位內，還是從對宮進來的力量比較大？

煞星是我們內心無法抵抗跟難以控制的情緒，對於到底是放在宮內還是對宮的影響比較大，也是眾說紛紜難以判斷。其實這時候我們只需要去想宮位的基本涵義就比較容易理解。例如本命盤的夫妻宮，代表天生的感情態度跟價值，如果宮內放了一個火星，表示對感情熱情如火但是愛火也容易來得快去得快，至於熱情怎麼來去，則要看宮內的主星如何安排。這樣聽起來很不錯的火星怎麼會是煞星呢？其實這是有風險的，畢竟熱情如火、來去如風，往往表示容易很快地愛上又很快地放棄，這是天生的感情態度。如果是在對宮呢？對宮是內心的想法跟展現在外的態度，所以一樣會展現出熱情如火的樣子，但只是內心的想法跟表面的呈現，與在夫妻宮時整個感情價值觀受火星影響，是不一樣的。就像一台車看起來破爛但是引擎很好，跟車子真的破爛那是完全不一樣的。

那麼哪個比較嚴重呢？其實就要看你的立場跟你的期待是什麼了。所以與其想用傳統的方式去討論各類煞星是否從外面衝進來、是否有化忌衝進來等問題，回歸到「要依照宮位的涵義來解釋星曜」，會更容易讓自己找到方向，而不會迷失在各種論述之中，因為其實所有的好壞價值都是相對比較，沒有絕對，一個在感情上會亂花錢的男人，如果是花在你身上，你覺得他大方，花在小三身上，你覺得他渣，但是對他來說哪有什麼好壞呢？他不過就是喜歡在感情的追求上展現大方而已。

★ 新手村通關小測驗 ★

小明開始學習紫微斗數，也在網路上跟許多人交流，有人跟他說本命盤命宮空宮，一生事業不順利，小明很害怕，真的是這樣嗎？

答案／

命宮空宮有很多的機率可以因為借星造成雙祿交持（圖十六），這是明定很不錯的組合，因此當然不能說因為空宮所以事業會不好。事業會不好，絕對會有許多原因，更別說本命盤只是代表了個性特質，但所謂的「事業不好」是現象。

圖十六／可借狀態下雙祿交馳

第四步

命盤的主體：解釋星曜

歡迎掃碼收看星曜解說影片

紫微斗數利用十四顆主星的十二種排列組合，搭配其它輔星，建構出一個人在每個宮位的價值態度，以及因為這個價值態度產生的反應跟現象。主星就如同宮位內主要的話事者、單位內的主管。因此，對於宮位的解釋，我們只需要對照主星的價值態度去解釋就可以推算出這個人的情況，這是前面提到的解盤基本邏輯，但是大多數的人在這個部分卻掉入背誦的地獄，好比說光是一顆貪狼星就要去理解它在十二宮的涵義，在命宮是什麼意思、在夫妻是什麼意思、在官祿是什麼意思 blah-blah-blah，本命盤的解釋背完了再換運限盤，如果是雙星組合，又有其它的解釋，再加上四化跟煞星等組合，根本沒完沒了，這就是許多人即便學習紫微斗數多年，對星曜的理解程度還停留在貪狼是桃花、巨門是口舌這樣的程度的原因。因為當訊息量一龐大，人腦就會趨向記憶熟悉的事物，任何學問都是如此。

雖然背誦的學習方式看似讓我們很快地學會紫微斗數，只要背幾個簡單的解釋就可以馬上幫人看盤，而且也有點準確度，但是當你希望學會更多學理的時候，其實就會掉入背誦的地獄了，因為怎麼背都背不完。早期的古書薄薄一本數萬字就可以教完整套紫微斗數，就是因為那不是背誦出來的，而是「推論」出來的，書上所寫的東西只是呈現最後的結果，至於推論的方式需要自己去理解，或者說需要老師的指點。

星曜的學習重點在於每顆星的「中心價值」。主星的中心價值從哪裡可以找到呢？每本書談到主星的時候，都會提到這個星曜的五行、化氣以及解釋，其實真正的重點正是「化氣」。化氣的意思是，削去外界任何條件後，最後剩下來的——星曜的中心價值。每顆星曜的解釋其實都是圍繞著這個中心價值所建構出來的。所以我們其實不需要背誦星曜的解釋，而是學習依照星曜中心價值去對應宮位的涵義再做出解釋。例如紫微星化氣為尊，尊是尊貴、自尊心的意思，因此當紫微星放在本命盤財帛宮，表示這個人天生在面對金錢的態度上，有他追求的自尊心，期待被尊貴地對待，那我們就可以想像：這個人想找的賺錢方式會希望是能跟大家說得出口的、希望花錢的方式可以讓大家羨慕，因為那是他的自尊心所在。雖然能否真的如此要看運限盤，但是他本身具備這樣的特質就容易往這方面去追求。如果這是在運限盤，當然我們就可以說這個人花錢總是會買好的東西，重視東西的品質跟品牌（因為要讓大家羨慕），這才是星曜的解釋方法。

圖十七是各星曜化氣的涵義。依照這張星曜化氣表和其基本定義，我們就可以開始解讀各星曜在命盤各宮位的涵義，基本的步驟是：

1. 先看是哪個宮位。假設是本命盤僕役宮，宮位的意思是天生對於朋友的態度、喜歡交往的朋友類型。

2. 再看所座落的星曜化氣是什麼。例如是廉貞星，廉貞化氣為囚，是一種自我約束的意思。所以這個人對待朋友和交友方式會是懂得挑選朋友，因為他會約束自己的態度，做出對自己來說「對」的選擇（當然不見得是真的「對」，但是他自己心情上是如此）。

對宮兄弟宮是這個人展現出來給人看到的交友態度，也是他內心對於朋友的想法。若此時對宮是貪狼，貪狼化氣為桃花，是慾望的意思，所以這個人展現出來的交友態度是八面玲瓏的，大家會覺得他跟很多人都很好，尤其是異性。這是因為他的內心有交朋友的慾望，所以展現出來的態度與樣貌便是跟朋友蠻親近的，這樣的態度當然也容易吸引異性靠近，但是因為僕役宮是廉貞，所以他還是會選擇朋友，他會覺得自己其實很挑朋友。

3. 利用宮位的涵義對應星曜的涵義來推論，就可以做出比較細膩的解釋，這才是紫微斗數在星曜解釋上的基本用法。剛開始學習時，因為還不習慣推論，所以建議用自己知道的命盤對應星曜的化氣跟宮位，去做推論並練習，看看推論是否吻合現象。

4. 如果宮內有兩顆星曜存在怎麼辦呢？剛開始可以先試著兩顆星曜都解釋，等到熟練以後，就可以再加上宮內的各種條件，這樣就不用靠死背了。所有書籍對於星曜的解釋都是這樣推演出來的，只是推演的過程中夾雜了各種老師的自我觀點，所以摻水度很高，剛開始學習時或許可以參考一下這些書籍，但要學得好，還是要學會自己推論。

圖十七／十四主星化氣表

主星	化氣	化氣的基本解釋
紫微	化氣為尊	尊貴，自尊心所在
天府	化氣為權	掌握，掌控，實質的擁有
天機	化氣為善	善良，善於思考，善變
天梁	化氣為蔭	照顧跟庇蔭，上天的幫助跟給予。老人
天同	化氣為福	福氣，重視自我感情，與世無爭的赤子之心
太陰	化氣為富	富足，享受，對安全感的追求，對人的照顧
太陽	化氣為貴	高貴，人群中的地位，領導者
七殺	化氣為殺	決心跟堅持
破軍	化氣為耗	為了夢想的追求而不惜一切損耗
貪狼	化氣為桃花	慾望，各種追求
廉貞	化氣為囚	約束跟限制
天相	化氣為印	條約設定
巨門	化氣為暗	內心的空虛黑暗面
武曲	化氣為財	務實的金錢價值觀

特訓專區Q&A

Q1

我老公的福德宮有貪狼，是不是很花心？

這個問題可以替換成各種宮位跟各種星曜，通常會這麼問也表示不願意慢慢地思考，只想得到答案。當有這樣的想法時，應該先想：這是老公的哪一個命盤呢？本命盤是天生個性特質，那本命盤的福德宮代表什麼？福德宮是精神跟靈魂，貪狼星化氣為桃花，這個桃花是慾望的意思，所以這個人天生（本命盤）在心靈的精神追求上有很多的慾望。當然還可以對應對宮財帛宮來做解釋。這是基本的解釋，但是無論如何都不能說這個人是花心的。如果這老公有劈腿，應該是因為妻子跟他無法心靈相通，但是若因此論定是花心，那應該全天下的男人都花心吧。

Q2

星曜對應宮位的解釋小秘訣

對於華人來說，星曜解釋的推論過程是很痛苦的，因為我們的學習方式往往是背誦老師給的答案，而不去管答案是怎麼來的。這裡介紹一個方法讓大家方便練習。拿出一張紙，將你想解釋的宮位意思寫下來，例如大限命盤的夫妻宮。

大限命盤的夫妻宮會有幾個意思：

1. 這十年的感情態度
2. 這十年的感情對象（對象是一種現象了）
3. 這十年與感情對象的相處情況（這也是一種現象了）
4. 這十年的感情狀態（可能這十年有很多不同的對象，所以無法討論對象，只能討論狀態）

接下來看宮位內是什麼星曜，然後把星曜的特質寫下來。如果是天機星，天機星是化氣為善：善良跟善於思考。

然後一題一題地對應前面的宮位意思，如果這十年單身，當然就沒有第2～4點的問題，但是如果有對象，這時候可以說：

1. 這十年的感情態度：會常思考自己的感情狀況（天機善於思考），該怎麼經營跟怎麼找到對象。若對宮是太陰星，太陰化氣為富，是富足、安全感的意思，所以展現出來的是：自己在感情上有很富足的異性關係，但是希望感情是穩定的。
2. 這十年的感情對象：一個感情穩定而且聰明、善於思考、人緣好的人。
3. 這十年與感情對象的相處情況：常常會花心思讓兩個人的相處模式不會一成不變，並且會照顧對方的內心安全感，利用吃喝享樂的富足生活給予對方關心跟安全感。

用上述拆解的方式去練習，就可以慢慢地熟練推論模式，隨著知道的星曜越多，就可以做出越細節的論斷。

Q3 為何別人的老公，貪狼在夫妻宮很乖，我老公卻很花心呢？

因為貪狼不是只有桃花的意思，有桃花也不等於花心啊！人當然會因為貪狼在夫妻宮對感情有慾望跟期待，因此就容易有增加感情的機會，但是每個星曜都要看對宮去解釋，因為對宮才是真正展現出來的行為，如果貪狼的對宮是武曲，那內心的務實考量跟展現出來的樣子，可能就會降低了他原本的慾望，畢竟他要考慮到偷吃之後，會不會受到元配嚴重的毒打，得不償失，不划算。

Q4 貪狼「廟」是不是比較不會花心，「落、陷」比較會呢？

我們常可以看到所謂的擎羊星廟旺比較沒有殺傷力這類論點，其實都是大家對於廟旺平落陷有錯誤認知。前文提到，廟旺平落陷的起源是借自占星學對於星曜的亮度設定，姑且不論目前廟旺平落陷有各種不同的版本，即使版本是對的，也不能直接這麼解釋。星曜的亮度指的是這個星曜有比較多的力量，但是「比較多」的力量不等於是「比較好」的力量。我們常會因為中文字面的意思而影響了認知，覺得廟、旺好像是比較好的，但那只是說明了這個星曜的力量比較大，而且還是跟相同的星曜相比，例如貪狼廟的力量比貪狼落陷大，就是如此而已。況且亮與不亮，頂多只能說亮的星曜比較能明確地展現星曜特質，而且無論好壞，但並不等於比較好的狀態，因為星曜真正需要的並非是廟旺落陷，而是每個星曜有它需要的條件，所以我自己幾乎是不看廟旺平落陷的。

Q5——

所謂星曜強旺，到底怎樣算是強旺呢？詳列十四主星需要與討厭的條件。（圖十八）

圖十八／十四主星需要與討厭的條件

主星	需要的條件	討厭的條件
紫微	左右．魁鉞．天府．天相	煞．忌
天機	昌曲．左右．魁鉞	空劫．煞
太陽	祿存．三台．八座	空劫．落陷
武曲	權祿．昌曲．貪狼	破．殺．火
天同	左右．昌曲	空劫．煞
廉貞	左右．魁鉞．祿存	破．煞．昌曲
天府	祿存．昌曲．左右．天相	空劫．六親宮位
太陰	旺位．左右	落陷．昌曲．煞忌
貪狼	火鈴．左右．魁鉞	忌．羊陀．昌曲
巨門	祿權．太陽對照	煞忌．落陷
天相	紫微．天府．昌曲．左右．魁鉞．祿存	火鈴．天刑．忌．桃花
天梁	化科．左右．昌曲	化權
七殺	祿存．左右．昌曲．魁鉞	煞忌．廉破
破軍	左右．魁鉞	廉貞．煞忌．昌曲

Q6 宮位內有吉星也有煞星，該怎麼解釋呢？

初學者遇到這個情況時，通常覺得解盤很痛苦，因為同時間看到吉星跟煞星，往往不知道該如何解釋。建議在剛開始學習的階段，都一起解釋就好了，慢慢地越來越熟練就可以融合解釋，在初學的階段不需要淪陷在這裡。

Q7 我的命宮是天同星，是不是不怕煞星呢？

天同星是化氣為福，福氣的原因是因為擁有赤子之心，就像是小孩子通常比較不在乎傷害，跌倒了哭兩聲也就好了，所以是心態上不怕煞星，並不是煞星真的不存在沒有傷害。

Q8

我的本命命宮武曲、大限命宮貪狼，這樣到底花不花心呢？本命跟運限哪個影響力大？

這也是常被討論的問題，針對這個問題，我們一樣要回到基本的設定：如果本命是天生的特質，大限是這個時間內你的個性跟做出的決定，那麼哪個影響力大呢？其實並沒有哪個力度比較大的問題，而是影響的層面。例如有的人天生體質容易發胖，喝水也胖見風就長，但是他這個大限因為感情受傷而狠心鍛鍊自己，所以變成猛男，這時候難道他天生易胖的體質就不存在了嗎？

Q9 小星星的影響有多大呢？

盤上有許多小星星，如果主星像是宮內的執事者，那麼小星星就像是身邊的小嘍囉。公司各部門的主管重要還是員工重要呢？通常是主管，但是如果主管很容易受影響，或者是主管想做壞事員工還幫忙，那就會出大事情，所以這些小星星其實都需要對應主星的情況才能產生作用，根本無法單獨解釋。這也是為何許多流派根本不用小星星論盤也會準確，或者許多高手也不是每次都使用，而是在需要的時候才拿出來做交叉比對跟分析使用。

Q10 空宮借星曜的時候，為何只有借主星呢？借過來的主星力量是不是比較小呢？

紫微斗數最早的設定只有主星，而且主星才是宮內的主要呈現狀態，因此借星只會借主星，至於借過去的主星是否力量會比較小，其實並不會，問題在於有些星曜如太陽、太陰，會受到旺與落陷的影響而影響力量，也就是本來是旺的太陽，借過去之後變成落陷的；或者是受到命盤上因為運限才出現的擎羊跟陀羅，在原本命盤看不到的羊與陀，因為運限的關係出現後，就不能借星了，這就會讓人感覺主星力量不見了，但是注意了，這並不是主星力量變弱。關於這個部分在後面章節還會提到。

Q11 我朋友的星曜排列都跟我一樣耶，這樣合理嗎？

其實每一百四十四人就會有一個人的命宮星曜跟你一樣，機率不低，更別說如果單純討論星曜的排列，不考慮宮位，那麼每十二人就有一個人跟你的命盤相同。再加上星曜代表你的個性價值觀，人往往會跟自己個性雷同的人往來，這也是為何朋友間相同的星盤出現機率很高的原因。

Q 12

星曜的五行要不要背呢？星曜五行跟宮位五行的關係。

星曜的五行跟宮位的五行，其彼此的相生相剋的關係是星曜的廟旺平落陷背後的設定原則，但是實際去對應往往又不太一樣。不可否認地，星曜的五行跟宮位的五行是有關係的，有八字背景的人甚至可以單純地用宮位內的五行生剋，以八字原理去判斷這個宮位的狀態，但是在初學的情況下，我建議不需要去背，畢竟當初紫微斗數被設定出來，就是要去解決傳統五行生剋問題常常出現模糊跟不好掌控、不精確的問題。

Q 13

星曜所在的地支位置是不是很重要呢？

十二宮內都會標明十二地支，而且這是宮內唯一不變動的條件（圖十九），而每個星曜在十二宮內都會有不同的組合，例如紫微星在十二宮內各自如圖二十所示。去背誦紫微在十二地支宮位內是否各自有不同的情況，這當然是一個簡便的方法，卻也是一個簡陋到會讓人忽略紫微斗數需要看同宮跟對宮的方法。這個方法雖然方便背誦，但是我們用理解的方式去看宮內的紫微星跟哪顆星在一起、對面是哪顆星，就可以直接做推論了。

圖十九／十二宮，十二地支，十二生肖

蛇 巳	**馬** 午	**羊** 未	**猴** 申
龍 辰			**雞** 酉
兔 卯			**狗** 戌
虎 寅	**牛** 丑	**鼠** 子	**豬** 亥

圖二十／紫微星在十二地支宮位

Q 14

算命的說我有火貪格，但是為何我沒有爆發的感覺，格局到底是什麼？

格局是每種命理學都會提到的東西，同樣地，因為文字的洗腦，我們會以為有所謂的好格局，或者以為沒有格局等於這個人比較差。然而實際上所謂的格局，其實只是各種命理學對於一些條件做出的分類。無論是風水的地形地貌，或是命理的各星曜排列，都會因為各種排列組合可以推演出比較容易變成什麼樣子。就像我們會覺得黑人比較容易有六塊肌、西方人比較個性開放，這其實都只是一種粗略的分類。以麻將來舉例就更好理解，一手牌抓進來，發現自己手上都是同一種花色，可能可以準備胡清一色，但是一定可以胡到清一色嗎？其實不一定，還需要視後面抽到的牌跟其他人的配合，才能夠讓自己胡牌，甚至往往可能因為自己要胡清一色而錯失許多良機。

格局也是一樣的，那只是一種分類，讓我們可以快速地知道這個人具備什麼條件，但是實際要成為書上說的好格局狀態，還是要有足夠的條件支持。例如火貪格可以速發賺錢，依照前面推論的情況就可以知道，要賺錢，當然火星貪狼要在命宮或財帛宮（我或者我的錢），而賺錢是一種現象，所以要在運限盤，最後賺錢表示「錢有多出來」，那麼至少該出現有貪狼「化祿」，因為四化中的化祿意思是「本來不屬於你而多出來的」，可見需要有很多的條件才能完成火貪格。

所以，命盤的推論不能只記格局，有格局沒格局跟命好命壞其實並沒有直接關聯，甚至許多看來好格局的人因為沒有足夠時運搭配，還會讓他覺得自己不得志。至於要怎麼搭配，只要回前面提到的解盤基本邏輯——用對應宮位、對應星曜的解釋去理解就可以。

★ 新手村通關小測驗 ★

小明買了很多書來學習星曜，東背西背，卻還是無法學會，這該如何是好呢？

答案／

學習星曜不能背誦，應該建議小明練習這本書所說的星曜學習方法，了解每顆星曜的化氣，並利用宮位的涵義對應星曜的涵義來推論，就可以不需要背誦。

第五步

紫微斗數的重要訣竅：四化

「四化」是許多初學者很容易迷惑的紫微斗數的重點項目，因為有太多的書籍對四化有錯誤的解釋，例如把化忌當成一顆星稱為化忌星，甚至將之歸納為煞星；或者一味地依照字面意思解釋，看到化祿感覺字面不錯就認為是有好事要發生，看到化忌覺得字意不好就認為是壞事。諸如此類混亂的訊息和用法導致在學習的過程中出現令人難以理解的解釋。針對這樣的問題，我們還是要回歸到學理的基本面來討論，才可以分辨什麼是錯誤的訊息，只要違反基本結構原理的論點就是錯誤的，就像是當貪狼星在福德宮，我們不能直接解釋成花心。

四化的原則是什麼呢？四化說的四種變化，又是什麼東西的變化呢？簡單來說，那是星曜的變化，所以我們會看到貪狼化祿、武曲化忌這樣的說法（圖二十一）。每個四化都是因為星曜產生了變化而存在，至於為何會產生變化呢？前文有提到，在易經的觀念中，時空會因為各式各樣的變因而產生變動，所以星曜也會因為時空環境的變動而產生變化，但是星曜依然是那個星曜，如同一棵樹會因為四季不同產生不同的樣貌，但是樹還是同一棵樹，這是四化的基本觀念。

圖二十一／四化表

天干	祿	權	科	忌
甲	廉貞（廉）	破軍（破）	武曲（武）	太陽（陽）
乙	天機（機）	天梁（梁）	紫微（紫）	太陰（陰）
丙	天同（同）	天機（機）	文昌（昌）	廉貞（廉）
丁	太陰（陰）	天同（同）	天機（機）	巨門（巨）
戊	貪狼（貪）	太陰（陰）	右弼（右）	天機（機）
己	武曲（武）	貪狼（貪）	天梁（梁）	文曲（曲）
庚	太陽（陽）	武曲（武）	天同（同）	天相（相）
辛	巨門（巨）	太陽（陽）	文曲（曲）	文昌（昌）
壬	天梁（梁）	紫微（紫）	左輔（左）	武曲（武）
癸	破軍（破）	巨門（巨）	太陰（陰）	貪狼（貪）

因此，回過頭來說，化忌不會是單獨的一顆星，而是星曜因為時空環境變動產生了變化，並沒有好與壞的問題，價值的判斷需要對應宮位與星曜的解釋以及各種條件，不能單純用四化的化祿、化權、化科、化忌去討論一個宮位的狀態。這就像一塊排骨可以炸可以煎可以滷可以蒸，但是我們不能單獨地說我要一份用蒸的餐，如果你期待的是蒸排骨結果來了蒸蛋糕呢？點菜都不能這樣點了，何況是嚴謹的命盤解讀。因此如果看到書上只寫「夫妻宮化祿如何解釋？」便可以想見那是學理有問題的書籍，因為我們從來都不能那樣解釋。雖然同樣是化祿，但是太陽化祿、太陰化祿、破軍化祿、廉貞化祿、武曲化祿在夫妻宮都會有不同的解釋，破軍化祿的人在夫妻宮可能感情很奔放，廉貞化祿的人在夫妻宮卻是相對保守跟節制自己的感情，也許這兩個人都有很好的異性緣，但是骨子裡對待感情的態度卻大不相同，若我們只用化祿解釋，很容易就出錯了。然而坊間依舊有許多流派用這樣的方式在教課，這往往會誤人子弟，因為連基本原理都是錯誤的。

四化的基本結構是因為時空環境改變而造成星曜產生變化，這樣的觀點確立之後，我們就要知道在紫微斗數中，這個時空環境的變動因素會用什麼來呈現呢？答案就是「天干」。命盤上的各類天干都可以造成星曜產生變化，因為命盤上的天干本來就被設定為上天給予這張盤的一些原本就存在的變因，所以我們可以看到生年的四化，也就是一開始在本命盤上看到的四化，我們在排出命盤時就可以看到命盤上有四顆星曜下面會各自寫上「祿、權、科、忌」，這是天生所給予我們命盤上星曜變化出來的特質，像是武曲星在財帛宮，有的人有務實的用錢觀念，讓他在用錢上產生化祿的情況，有的人則會有化忌的特質，但無論是化祿或化忌，都是源自於他在用錢觀念上的務實態度。這個生年四化是利用了我們出生那一年的天干所產生的，例如你在癸卯年出生，你的命盤上就會出現貪狼化忌，因為癸天干的化忌是貪狼化忌（P.119 圖二十一）。

命盤上也會有各運限盤的四化，這是利用各運限盤上面的命宮天干所產生的，例如你的某個大限命宮是甲辰，那麼這個大限的十年就會讓命盤上的太陽星有十年的時間出現太陽化忌；小限也一樣，只是小限的四化時間就是虛歲的那一年；而流年因為大家都一樣，所以流年用的是農民曆上面每一年的天干，例如 2022 年是壬寅年，所以這一年所有人流年命盤上的武曲星都化忌（因為壬年武曲化忌），這表示流年的外在環境造成武曲星產生化忌，而武曲星化忌的態度跟狀態也因此引發了現象。

那四化「祿、權、科、忌」各自又是什麼意思呢？其實四化的產生應該化忌開始。「忌」這個字的意思是「己心，自己的內心」。當自己的內心有需求就會產生空缺感，因為需求尚未被滿足之前，其實就是一種空缺，當內心有空缺，我們就會希望有所滿足跟獲得，這是忌的原始涵義。化祿說的是「本來不屬於你但是多出來的」，所以化祿可以去彌補化忌的空缺，專業的說法叫做「祿隨忌走」。

舉個例子，假設你的本命盤財帛宮貪狼化忌，表示對於錢財的慾望（貪狼星）常常讓你覺得你的用錢跟錢財（財帛宮）有空缺（化忌），但是因為是本命盤，所以只代表態度跟價值觀，並非你真的錢財有空缺；與此同時破軍會化祿，且破軍星應該剛好在官祿宮，官祿宮可以說是自己對於人生價值的展現，破軍則是為追求夢想可以不顧一切的星曜，所以我們可以說這是在工作跟生活態度上（官祿宮），永遠有許多夢想、可以接受各種機會跟挑戰（破軍星），也會因為這樣的個性有許多工作機會（化祿，本來不屬於你而多出來的），而且會希望這些工作機會跟發展方向要能夠為你帶來賺錢的機會（祿隨忌走，化祿要去彌補化忌的空缺）。這是四化的頭與尾。

此外還會產生希望擁有跟掌握的化權，以及希望發生跟產生名聲得到注目的化科。我們可以簡單地理解為，有個人肚子餓了，肚子化忌所以需要去買本來不屬於他但是會多出來的東西，例如排骨便當，這個便當跟排骨本來都不是他身上的，吃下肚的時候，他的肚子就不餓了，這好比祿隨忌走，因為化忌所以才需要化祿去滿足。如果他買到厲害的便當，告訴大家，這是化科；希望實質地吃飽吃好，這是化權，或是吃得不夠，再多買一個便當，表示自己真的吃得不錯，所以化權也有「兩個、雙」的意思。至於是怎麼樣的空缺、怎麼樣的多出東西，如何掌握、如何告訴大家，這就要看是什麼星曜所產生的四化。

Q1

我的命宮化忌，是不是會很倒楣呢？

這當然是因為我們長期覺得化忌等於不好的事情，才會有這樣的想法。回歸到基本面來看，化忌是一種空缺，無論是哪個星曜產生化忌，都是因為那個星曜特質讓你覺得生命好像有所空缺，這或許可以說自己在個性上會有很多要求，因為常常覺得不滿足（空缺感）。但是換個角度來說，因為祿隨忌走，所以表示也會把化祿的部份給予自己。如果剛好是對的星曜化祿在財帛宮，讓你懂得用錢，可以讓自己增加用錢的能力甚至是錢財，然後都花在自己身上，你還會覺得這樣的情況不好嗎？紫微斗數中或者說是命理上所謂許多不好的觀點、負面的觀點，往往都是因為望文生義、片面解讀所產生。

Q2

每個命盤都有四化，是不是本命盤的四化只影響本命，大限盤的四化只影響大限？

前文有提到疊宮的觀念，也就是每個命盤都會上下彼此影響，既然會有這樣的影響，當然大限的四化也會在流年產生影響力，本命的四化也會在大限的某個宮位內發揮影響力。

Q3

如何把四化背起來？

這個問題沒有其它解法，就是死背。還好四化也不過數十個字，大約兩首五言絕句而已，就是背起來吧！可以試試看將圖二十二的四化縮寫製成手機桌布，每天看著手機，應該很快就背起來了。

圖二十二／四化縮寫

天干	祿	權	科	忌
甲	廉	破	武	陽
乙	機	梁	紫	陰
丙	同	機	昌	廉
丁	陰	同	機	巨
戊	貪	陰	右	機
己	武	貪	梁	曲
庚	陽	武	同	相
辛	巨	陽	曲	昌
壬	梁	紫	左	武
癸	破	巨	陰	貪

Q4

為何庚年的四化有許多版本，哪一個版本才對呢？

目前華人文化圈所用的紫微斗數流派，主流有四種四化，台灣所用的為最大宗，而其中爭議最大的是庚年四化。其爭議在於目前台灣主流的庚年四化是使用「太陰化科，天同化忌」，但是我用的是「天同化科，天相化忌」。

實際上依照我的研究，在一剛開始，應該是所有星曜都具備四化，後來因為驗證效果而慢慢地整理出目前的四化表，簡單來說就是有些星曜的四化效果不明顯，所以就沒有列入四化表，就像前面說的一棵樹因為四季而變化，但是如果這是仙人掌樹呢？那麼四季對他來說能夠產生的變化就不大了。而在這個整理的過程中，當然就會對於這所謂的「效果」有爭議，你覺得有差別、我覺得沒有，於是產生各種不同的論點，也形成所謂不同的流派。

目前對於庚年四化的意見差異，是最常見的爭議，然而這比較可能是因為清朝的時候，由於木刻版被腐蝕而產生的問題。太陰為「月」字，腐蝕容易錯成「同」字，天相的「相」字也容易錯為「同」字，所以才會產生這樣的問題。關於這一點可以去參照《紫微斗數全書》，我們可以發現文章內一開始用的是天同化忌，但是後面的案例用的卻是天相化忌，如果說這是因為修正，為何只修正了前面卻不修正後面呢？而且因為案例是整張命盤的圖案，因此在刻版的時候相對不容易做出修改。

當然僅憑這樣舉證還不夠，更重要的是天同化科的跡象跟化忌很像，但是天相化忌則是明確的有違反合約官非的跡象，並且因為是天相化忌，許多古書中的格局才有可能成立，也才不會有爭議出現（例如刑忌夾印格，必須是擎羊跟天相還有化忌要同宮。如果天相不化忌，則只能存在於武曲天相跟廉貞天相的組合中出現，其它天相星就不會有這個問題，但這卻與實務相互衝突）。而且因為天相化忌有明確的官非跡象（官非說的是約定被破壞，不見得是打官司），若不用天相化忌，就會永遠看不到這個官非跡象了。而天同化科跟化忌卻是雷同的情況，更別說為何太陰星要在整個十組四化中化科兩次呢？整組四化表中沒有任何一個星曜是同一種四化兩次，唯獨太陰如此，就算太陰是女生，這也未免太愛美了。

話雖如此，反對者也有一套說法，例如他們說：「天相是宰相不該化忌。」我就問，宰相的內心都不會有空缺嗎？照這個說法，為何太陽會化忌呢？太陽是代表爸爸欸，太陰為什麼也會化忌呢？太陰是媽媽欸，大家不是說世上只有媽媽好嗎？又或者說：「天相星對宮必然為破軍，有破軍星的影響，所以天相不該化忌。」這我就更不知道為何有這番思維邏輯了，也許是他們認為破軍大破大立不會有空缺吧！總之，學習者們一定會遇到各式各樣的論點，但是只要掌握好紫微斗數的基本架構就能避免掉入困惑的泥淖之中。如同我初期教課時，為了避免爭議（命理圈常會為了所謂正統而彼此謾罵攻擊，甚至提不出學理只好人身攻擊），所以我四種四化都教，也會演練使用四種四化來解讀同一張命盤的同一個現象，同樣可以解讀出來。但是這是因為我對於各流派的技巧夠熟練，所以可以如此切換使用，各位還在初學階段的話，建議還是專注於一種手法，熟練基本功，至於要用天同化忌還是天相化忌，可以憑各自感覺去驗證。

Q5

化忌所在的宮位比較可怕，還是被化忌沖的宮位（化忌在對宮）比較可怕呢？（圖二十三）

關於這個問題，我想反問：「是宿便在肚子裡面噁心，還是丟在臉上噁心呢？」之所以認為化忌所在的宮位可怕，是因為大家會受到化忌二字的字面影響，覺得很不好。前文我們已經提到化忌就是個空缺的概念，當空缺得不到滿足當然不開心，如果得到適度的滿足反而就是好事情，因為覺得自己不足反而更容易努力成長。

而且，每個宮位的對宮都是原宮位的內心，內心世界覺得空缺會讓自己覺得更加地不安，就像自己覺得自己長得不好看跟外人一直說你醜，你認為哪一個殺傷力大呢？所以無論是宮位化忌或者是對宮化忌，其實說的是：宮位感受到不足跟不安，只是一個是自我的認知，有機會自我調整，另外一個則是內心一直產生的不安，或是外人對他的看法也會造成壓力跟不安，這兩者心情上會有不同，所以一般才會說所謂的「沖」的（對面過來的）殺傷力比較大。

圖二十三／化忌在對宮

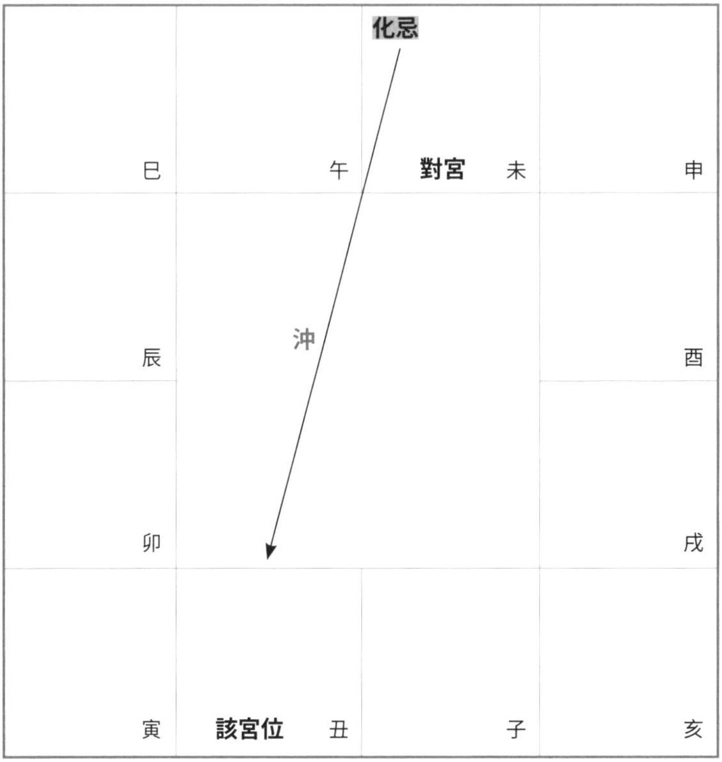

Q6

化祿是否會被化忌所沖而不見，或者轉成化忌？(圖二十四)

這種論點其實比較像是你賺錢的同時又破財，這當然就會讓人不開心，但是這不等同於你沒有賺錢。實際上在紫微斗數的基本理論中，從來沒有出現所謂「化祿被忌沖會不見」的論點，任何一本古書都沒有提到。這其實是後人根據自己的經驗所整理出來的，後人的整理不見得是錯的，但是應該要在原本的理論基礎上延伸。舉例來說，你本來沒錢 v.s. 你拿到年終但是卻出車禍要賠錢，一來一往你又回到沒錢的狀態，兩者相較，通常後者的心情比較差。這是這種論點的由來，但是這不表示你從頭到尾都沒拿到錢。可見如果直接背誦這種論點，解盤很可能會有巨大的誤差。

圖二十四／化祿被化忌沖

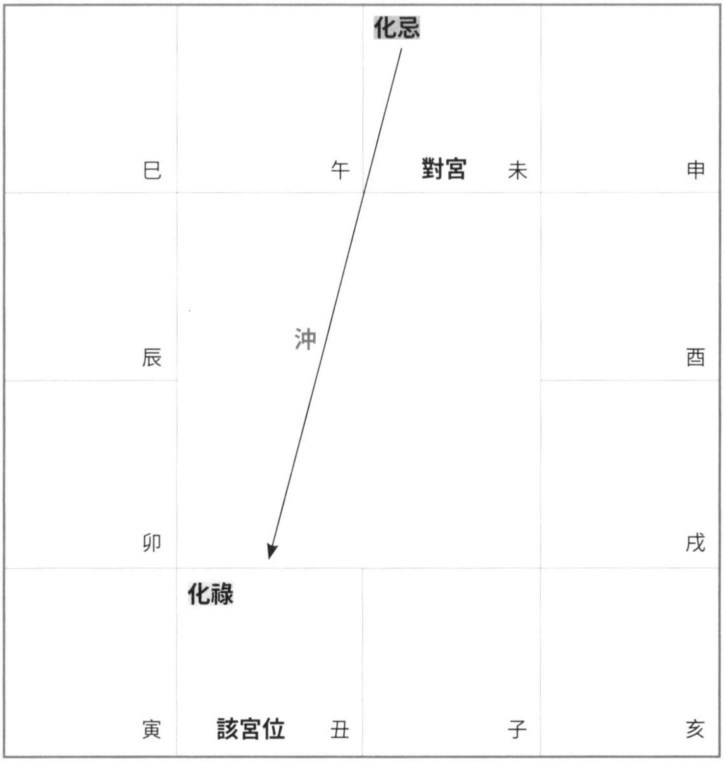

Q7 我的夫妻宮有空劫又有化忌，是不是很慘啊？

空劫星是令許多人擔心害怕跟好奇的星曜，其實空劫星在多數的時候都用不到，而且也不是一般人覺得「空就是不好」這種望文生義的用法，更不是初學者應該去擔心害怕的。老話一句，整個紫微斗數需要有很多條件去建構出來，不會只因為一兩顆小星曜就可以影響整個命盤，無論是化忌或空劫，在任何星曜上都是這樣的論點。就好比劉德華不會因為沒穿鞋子就變醜，會帥的就是會帥。有興趣了解空劫的讀者，我的部落格跟免費的 Youtube 頻道都有講述。

此外，會有這種問題，表示對於化忌的誤解很深。夫妻宮有化忌，表示感情有空缺，無論是哪顆星曜化忌，就是因為那顆星曜的個性特質造成你在情感上的空缺感，甚至導致你會覺得對象不如你預期，但是請仔細想想，這一定是不好的事情嗎？空劫基本的解釋其實是讓宮內的星曜無法發揮影響力，所以當化忌遇到空劫，其實反而是好事情，但是會有這些問題，主要都還是因為初學者容易受到各類粗暴簡單、方便嚇客人好收錢的武斷論點所影響。

Q8 飛化據說是九天玄女所傳，是真的嗎？

傳說九天玄女傳給黃帝五本書，幫助黃帝打敗蚩尤，最後黃帝也靠著這五本書修道成仙。先不管九天玄女和黃帝其實一直都只是神話般存在的人物，至少在神話故事中那五本書也真的沒有一本的內容是紫微斗數，比較接近的是兵法，所以奇門遁甲的流派會說他們的知識是由九天玄女所傳，這個勉強說得過去，畢竟奇門遁甲起源是源自兵法。當然這些都是傳統文化很愛用的手法，也就是託古人幫自己背書，如果古人不夠用，乾脆請神明來好了。

Q9 據說飛化才是紫微斗數真正的秘訣，這是真的嗎？

飛化是四化的一種靈活應用，是將原本隱藏在紫微斗數中的易經更加大幅度地拿出來使用。所謂的「飛」指的並非原本的生年、大限的那些天干，而是十二宮各宮位間的天干彼此影響造成對方產生四化，所以使用時會說「從這個宮位飛到那個宮位」。我們都知道古人就是愛說一些看起來很炫的用字，這是常見於各類古書中的。

因此，飛化是指星曜除了受到時間的影響，還可以受到各宮位所代表的價值觀影響。例如我的感情觀念（夫妻宮）會造成我在工作上（官祿宮）有很多機會（化祿），相信這類的解釋對各位應該不陌生。

飛化其實是源自於《易經》的原理，所以本來就可以這麼使用，也可以延伸出更複雜的用法，但是這絕對不是什麼真正的秘訣。只要你聽到用某某秘訣做宣傳與號召，基本上也可以看做是學理跟邏輯有問題的。所謂秘訣，就是只有少數人知道的意思，只有少數人知道的其實也就等於沒有經過大量驗證機會，這樣怎麼能說這是可靠的東西呢？所以會用這種口號來宣傳，基本上邏輯就有問題，飛化當然是紫微斗數很重要的技巧但絕對不是什麼真正的秘訣。

Q 10 飛化有所謂的忌星棋譜，這是一定要背起來的嗎？

這裡的忌星棋譜其實更像是星曜格局的飛化版，只是一些分類罷了，更別說這完全是現代人所寫的，而且還是由台灣著名老師做的分類。要不要背忌星棋譜就如同該不該背格局是一樣的道理，如果理解原理就都不需要去背，否則背完了就容易只記得背誦的東西，反而忘記全面性的思考與通盤的理路。

Q11 聽說只要知道飛化就可以不用了解星曜，這是真的嗎？

當然不可能，這絕對是最大的錯誤，因為四化的根據是星曜，沒了星曜的解釋，那些四化的涵義都會出錯。

Q12 飛化的影響力大？還是原本的四化影響力大？

類似的問題很多，像是到底是流年力量大還是小限力量大？到底是三合力量大還是對宮力量大……。事實上，並沒有誰大誰小的問題，命理學都是「相對比較」，沒有絕對值，而且命理學絕大多數都是用影響力的「施力方向」來討論，而非大小，飛化有飛化的影響方式，生年有生年四化的影響方式，那是不同的方向，沒有力量大小的問題。

★ 新手村通關小測驗 ★

小明開始學紫微斗數後發現，他的財帛宮化忌，身宮在夫妻宮，請問這是不是他重視感情而且不會賺錢呢？

答案／

重視感情是對的，但是怎麼個重視法，要看宮內的星曜。至於不會賺錢的解釋是有誤的，可能有時候結果還會相反。因為一個人若覺得自己錢不夠，反而很多時候會更認真賺錢。化忌是一種空缺，不是一種失去，失去是本來擁有，後來沒有，這是一種現象。化忌更像是一種心態。

基礎解盤技巧

第二章

我們在第一章介紹了初學者進行基本的學習時，需要注意的重點以及練習的方法，如果對於星曜、宮位還不甚清楚，也可以收看我的部落格文章或免費的 Youtube 頻道，有詳細的教學影片。對於紫微斗數的歷史緣由以及所使用的基本工具有一定的了解之後，接下來我們正式學習解盤。

紫微／斗數

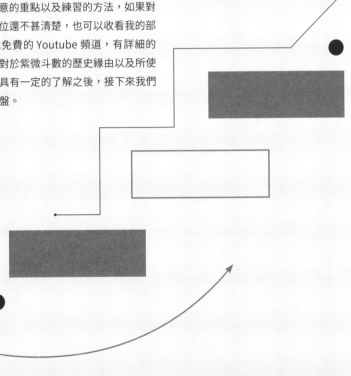

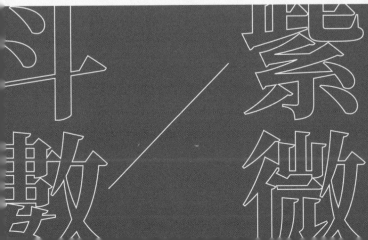

第一步

單人舞跟雙人跳恰恰各有不同：雙主星

在第一章我們知道星曜需要對應宮位才能做出正確的解讀，每個星曜需要依照化氣（核心價值）去對應宮位的涵義，不能單獨地背誦貪狼等於什麼、巨門是什麼意思，這就像我們背英文單字的時候，每個單字往往會有許多涵義，至於適用哪一個涵義，其實要看它放在什麼樣的句子當中，正因為句子的前後文會影響單字的涵義，因此通常學完基本的字母、音標以及基礎句型跟基本的字彙以後，老師往往會告訴我們從一整句話來學習會更加完整也更有助於學好英文，紫微斗數也是如此，星曜的解釋不能單獨存在，需要用宮位去解釋，才能讓自己習慣推理而不是背誦。

我們知道，要解釋一個宮位，會以宮內的主星為主，並且以主星為中心，搭配上輔星、煞星與四化去做各種延伸性的解釋。前面提到這就像是一個公司的部門，主星是部門的主管，是單位的話事人，輔星與其它雜曜則像是部門內的小主管跟員工，四化則可以想成這個主管因為受到環境影響，所以觀念上與做法上有些改變了，也因為觀念跟做法有些改變而產生對部門的影響，但是如果是兩顆主星呢？

這時候我們不妨想成是兩個主管，一正一副在單位內，在正常的情況下，無論是對外的形象、發言以及代表，都是以正主管為主，但是他會受到副主管的影響，這就是雙星的基本概念。在紫微斗數中兩顆主星並排在一起，通常寫在左邊的那顆星是正主管，或者說有一個更簡單的記法，古人在排這些星曜時，非常人性化，他們會讓星曜排列起來好讀好念，例如紫微七殺兩顆星放在一起通常會念成「紫殺」，如果將七殺放在前面，會發現念成「殺紫」很拗口不好念，所以依此類推，兩顆星放在一起需要念起來順口的。圖二十五是各個雙星組合的正副情況。

雙星（正與副）	簡稱
紫微天府	紫府
紫微天相	紫相
紫微七殺	紫殺
紫微破軍	紫破
紫微貪狼	紫貪
武曲天府	武府
武曲天相	武相
武曲七殺	武殺
武曲破軍	武破
武曲貪狼	武貪
廉貞天府	廉府
廉貞天相	廉相
廉貞七殺	廉殺
廉貞破軍	廉破
廉貞貪狼	廉貪
天機天梁	機梁
天機太陰	機陰
天機巨門	機巨
太陽天梁	陽梁
太陽太陰	日月
天同天梁	同梁
天同巨門	同巨
太陰天同	陰同
巨門太陽	巨日

圖二十五／各雙星組合的正副情況

當我們從這個角度去思考雙星，就可以理解，部門裡只有一個紫微當主管 v.s 部門裡一個紫微帶著一個破軍的副主管，會是很不一樣的領導情況。因此當有雙星出現的時候，我建議直接用雙星去討論該宮位的情形，而不是用單星去討論，例如紫微貪狼在夫妻宮，就需要用紫微貪狼去思考，不能只去想這是紫微在夫妻宮，或者是貪狼在夫妻宮，否則做出的解讀就會有很大差異。雖然我們在前一章告訴大家，初學者遇到雙星的時候，可以分別解讀兩顆主星，這是為了讓大家可以更快地熟悉紫微斗數的邏輯，更快地理解運作的模式和思考的模式，但是當基本功熟練之後，我們就不能再用這樣方式去解讀雙星，因為同樣是紫微在夫妻宮，紫微七殺、紫微破軍、紫微貪狼就會有不同的涵義。

我們可以把雙星的組合中，副主管對於主管的影響力用幾個類別來分類，分別是：幫助輔佐型、穩定控制型、相輔相成型。

幫助輔佐型

七殺、破軍、貪狼、天相這四顆星出現雙星的時候，一定會是副主管，這四顆就是幫助輔佐型的星曜，他們對於主管是採取加強主管能力的方式，例如紫微七殺，七殺的堅持跟決心讓紫微不再那麼重視面子跟自尊心，所以紫微七殺是紫微星系中最獨立自主的一組。

這四顆星除了跟紫微會同宮，也會跟廉貞或武曲同宮，也都有雷同的功能，幫助正主管加強或補足自身的個性，例如武曲貪狼同宮，武曲的務實特性、重視實際價值的觀念依舊存在，但是多了貪狼星的慾望，並且因為這個慾望會讓這個人不再一板一眼，也重視人際關係，所以武曲貪狼同宮通常是武曲星系中異性緣和人際關係最好的一個組合，相對來說不讓人覺得一板一眼。

因此，在這一類的解釋上，我們只需要去想原本的紫微是什麼涵義，如果加上旁邊的星曜例如天相，那麼天相的特質又會怎麼幫忙紫微。同樣地，這時候需要考慮是在什麼宮位，才能做出解釋，例如本命夫妻宮代表了我們天生的感情態度以及喜歡的對象類型，還有希望在感情中被對待的方式，所以放入紫微星可以先解釋：

這個人覺得愛情是他自尊的所在，並且希望自己的對象是受到大家羡慕的，也希望自己在感情中可以備受尊寵。這時候如果再加上天相，天相是化氣為印，「印」是規範、規章跟約定的意思，因此就著前面的解釋再加上：這個人希望感情可以讓他覺得很有自尊，所以會希望感情要照著他的規範來進行，他喜歡的對象要是一個會讓人羡慕的人（可能是長相，也可能是能力或財力），並且是一個對自己有一定規範跟要求的人，而且這個人要尊重他對感情的原則，這是讓他覺得自己在感情中被尊崇的方式。這就是雙星解釋了。學習層層推演，就不需要背誦。

穩定控制型

這類型有天府、天梁、太陽、太陰、巨門。這個組合一樣是採用正副主管的解釋方式，但是相較於前面的組合以正主管為主，副主管是輔助增加正主管的特性，這一組的星曜則會是大幅度地去影響甚至是凌駕正主管的個性特質，例如紫微、廉貞、武曲除了與上述那四顆輔佐型星曜同宮之外，也會跟天府同宮，但是跟天府同宮的時候，天府的穩定務實跟掌控一切的特性就會大幅度地影響正主管，因此廉貞跟天府放在一起的時候，廉貞受到天府影響，比較不怕遇到煞星，否則廉貞星遇到煞星，常會因為無法控制的情緒而希望做出跟平常不同的決定，若是這時候天府在旁，便會請廉貞乖一點。同樣地，天府對於武曲跟紫微也是，會讓前面的主星凡事多想想，以穩定為原則，因為穩定才好被掌控。

天梁是老人星，可以想成一個對人循循善誘的老人。這像是一個資深的前輩擔任副主管，會給予主管許多幫助，並且讓主管凡事多想想、不要急躁，例如太陽天梁這一組，就是太陽星系中相對不那麼喜歡主導一切的組合，至少讓人感受沒有那麼嚴重；又或者是天同天梁，這一組的天同星受到天梁影響，雖然少了赤子之心，但是多了老成的一面；天機天梁也是受到天梁星影響，讓天機善變好動的特質降低，變成多加思考，甚至古書還用「善談兵」來表示這個組合往往只會說不會做。

太陽星身為一家之主的象徵，通常在雙星組合中都是主管的身分，唯有跟巨門放在一起的時候，會是巨門的副主管，但是卻會展現出太陽的絕對優勢能力，所以太陽跟巨門放在一起時，我們往往比較多的感受是太陽的個性。

太陰星聽起來是柔順的星曜，但是這顆代表「媽媽」的星曜當然也會好好地影響前面的主星。想像這是一個好管閒事的女性副主管，他看起來一定會對主管細心體貼，其實是不著痕跡的諸多管控。例如天機太陰這一組，我們感受上也會覺得很像是太陰星，只是在太陰的特質中多了相對好的邏輯跟思考能力。

巨門星是星曜裡面的黑洞，除了太陽星以外，當其它星曜跟巨門放在一起，光芒都會被吞食，所以當然會大幅度地影響主星。例如天同巨門在一起，天同就像陷入黑暗之中，樂觀不起來、容易想東想西的孩子；天機巨門在一起，天機就像被關在屋子裡自得其樂的宅男，依舊善於思考，但是不再想到處亂跑了，天機的化氣為善只剩下善良、善思考，但不再善變。

相輔相成型

這個組合通常是星曜個性特質差不多的，例如太陽太陰，這兩顆是性質雷同的星曜，所以會形成彼此互相幫助，適合太陽出現時，就把太陽的特質拿出來，適合月亮出現就拿月亮的特質出來，像是默契良好的正副主管，會一搭一唱適度扮演自己的角色。

剛開始理解雙星時，我們只需要知道雙星會具備這樣的特質，所以先把正主管放在宮內的意思想一次，然後加上副主管的意思，以及試著解釋這個副主管跟正主管彼此的關係，去思考他是如何影響正主管，那麼基本上就能得出雙星的解釋了。

運用這樣的方式，不但解釋可以更加細膩而且不需要強記，如果行有餘力，當然也要解釋一下對宮的星曜。這就是大家算命時一定會感受到的——有的命理師可以鉅細靡遺地將一個宮位做出很多層次的解釋，有的命理師卻永遠只會在貪狼是桃花所以你老公很花心這樣的層次裡打轉，卻說不出老公為何花心，花心的原因是什麼，要如何解決。這就像胖子去看醫生，醫生只跟他說你很胖，但是說不出發胖的原因跟問題所在，也不知道解決的方法，如果你是那個胖子，心裡一定會想：胖還要你說嗎？我每天照鏡子就知道自己胖了。

第二步

運限祿羊陀的找法

除了雙星之外，紫微斗數還有一個情況也很容易讓初學者一直出現解釋錯誤，就是命盤上其實有隱藏版的煞星。之所以說是隱藏版，是因為這個煞星不會寫在命盤上，雖然現在多數的排盤軟體都會排出來，不過如果知道這些煞星是怎麼出現的，對於學習解盤會很有幫助。這個隱藏的煞星就是運限盤的擎羊跟陀羅，也就是說，因為時間而產生的運限盤會有屬於那張盤的擎羊跟陀羅，他們不會出現在本命盤，但是卻會因為運限盤而產生，並且如同運限的四化一樣，可以疊併在一起，進而影響其它命盤。

在找運限的擎羊跟陀羅的時候，要注意一顆星曜，因為它會跟擎羊、陀羅連同出現，這就是祿存星，這顆星曜的基本解釋是「乘旺主星」，就是增加主星的優勢特點，讓主星的缺點相對看起來比較不那麼明顯。除了本命盤上面有祿存星，運限盤上也有，同樣可以同步影響所在宮位以及所疊宮位。擎羊跟陀羅一定跟隨在祿存星旁邊的宮位，祿存星的順時鐘一格就是擎羊，逆時鐘一格就是陀羅，這是固定的位置，所以只要找到運限盤上的祿存星，就會知道運限盤上的擎羊跟陀羅在哪裡。

要找到祿存星的位置，我們可以使用下頁這張圖（圖二十六）。圖片是十二宮，將上面標註的天干，對應自己運限盤命宮的天干，就會是運限盤祿存所在的位置。例如：大限命盤的命宮天干是甲，則大限命盤的祿存星就在寅，則擎羊會在卯，陀羅會在丑。（圖二十七）

圖二十六／十天干對應祿存、
擎羊、陀羅所在的位置

天干	祿存	擎羊	陀羅
甲	寅	卯	丑
乙	卯	辰	寅
丙	巳	午	辰
丁	午	未	巳
戊	巳	午	辰
己	午	未	巳
庚	申	酉	未
辛	酉	戌	申
壬	亥	子	戌
癸	子	丑	亥

圖二十七／大限命宮天干為甲 祿羊陀位置

巳	午	未	申
辰	大限命宮 天干為甲		酉
大限擎羊 卯			戌
大限祿存 寅	**大限陀羅** 丑	子	亥

跟四化一樣，也會各自有小限跟流年的祿羊陀，所以如果小限命宮天干是乙，則祿存在卯，擎羊就在辰，陀羅就在寅。如果是流年，也跟流年四化相同，用的是跟大家一樣的農民曆當時的流年天干，例如2023年是癸卯年，所以祿存在子，擎羊在丑，陀羅在亥。許多學習者不知道這個部分，所以不知道空宮該如何解釋，或是不知道其實宮位內互有煞星而判斷不準確，或者是不知道擎羊、陀羅與化忌形成的羊陀夾忌，其實「羊、陀、忌」這三個條件可能因為不同運限命盤的宮位疊併而在同一個宮位內出現（圖二十八）。

圖二十八／本命、大限、流年造成羊陀夾忌

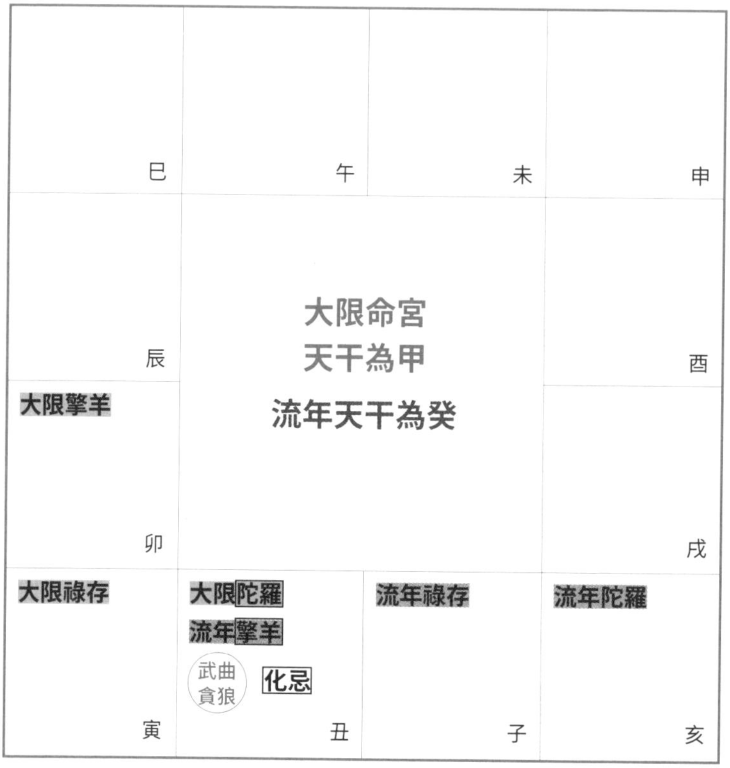

特訓專區Q&A

Q1 我的命宮是紫微七殺，七殺在命宮是不是很不好呢？

對不起，依照雙星的原則，你的命宮是紫微七殺，不是七殺，不能夠單獨做解釋。

Q2 我是不是殺破狼格局呢？

這要看你的七殺、破軍、貪狼是否都單獨在宮位內，而不是跟其它星曜組合放在一起。如果是單獨在宮內，就可以被視為殺破狼的格局，若還有其它的主星，例如武曲貪狼同宮，這就要以武曲為主，所以不能算是殺破狼的格局。

Q3 我的本命盤財帛宮武曲貪狼，貪狼化忌，是不是會很容易破財呢？

當然不是這樣理解的。首先，破財是一種現象，本命盤只能說是價值跟態度，貪狼化忌是因為產生慾望了而覺得有空缺，而且因為是在財帛宮空缺，所以會覺得自己好像錢不夠，當然也可以說是因為自己在用錢上有比較多的慾望，所以產生錢不夠的感覺。

而這個貪狼在武曲的旁邊，該怎麼理解呢？當武曲在財帛宮，對於金錢能夠一步一腳印努力地賺取、務實地使用，這時候旁邊的貪狼會跟他說：「唉呀，感覺錢不太夠用啊！我們可以有更多機會，應該要找更多機會啊！」這樣的影響力讓武曲原本務實、願意腳踏實地的態度會因為自己好像賺得不夠而有所改變，希望自己可以在金錢的使用跟賺取上有更多機會。

Q4

紫微七殺跟紫微擎羊有什麼不一樣呢？

一個是雙主星的組合，一個是主星跟煞星的組合，當然不一樣。這是一般人常問的問題，因為人們總是覺得七殺跟擎羊很像，都是一種果決與堅持的態度，但是我們需要知道，他們一個是主星，主星會是整個宮位的主導跟主軸；一個是輔星，是去影響主星的星曜，而且擎羊的性質更接近情緒性的態度，七殺則因為是主星所以是主要價值觀，也就是說，七殺是思考後想清楚的堅持。

或許有人會疑惑，他們不都是在影響紫微嗎？有何不同呢？這就要提到幾點，首先，紫微跟七殺可以被視為一個二人組，就像雙重唱一樣，而擎羊比較像是旁邊的伴唱。伴唱唱得好，會不會讓單一主唱營造出二重唱的樣子呢？當然有可能。但是，伴唱永遠只是伴唱，雙星應該被視為一個完整的主體。第二，這就是為何我一再提及要考慮對宮的原因，七殺之所以說他的堅持是經過思考的，因為他的對宮是有謀略的天府，但是擎羊沒有，所以紫微七殺的堅持跟果決是因為他在深思熟慮後希望一切為自己掌握，但是擎羊是單純的固執跟堅持。

Q5

雙星組合中，一個化祿、一個化忌，是不是化祿就沒用了？

這個情形很容易出現在雙星組合中，而且還有各種組合，例如一個化權一個化科，一個化祿一個化權，但是大家很容易只注意到一個化祿一個化忌，因為覺得一好一壞，就被抵銷了。其實這表示好與壞是同時存在的。延續前面的例子，武曲貪狼這組，如果同時武曲化忌、貪狼化祿，放在大限財帛宮，這表示在這個十年會覺得錢賺得不夠而努力奮發，但是仍覺得好像沒得到應得的（武曲化忌），不過自己會想很多方法並且利用好的人緣（貪狼），來幫助自己賺錢（化祿，增加在財帛宮），以彌補自己的武曲化忌（祿隨忌走），這時候反而是好事情。所以，任何的解釋都不能單純地用好與壞二元判斷，要以宮位跟基本原則來推論。

又例如，有個人大限夫妻宮天機化祿、太陰化忌，我們的基本解釋一樣從大限宮位開始。大限夫妻宮表示他目前的感情狀態、態度以及產生的現象；放進天機星，表示他懂得思考對待感情的方式，但是也因為善於思考跟變通，他會希望感情不要一成不變（天機），所以這樣的特質讓他會有許多感情的機會（化祿），畢竟聰明人誰不愛呢？同時，他又受到太陰星的影響，太陰告訴這個天機，在思考中要多點關心跟細膩，要多點心思跟對人的照顧，而且一直強調這件事情，強調到展現出來的樣子飽含過多細微的情緒，因此有時候反而無法把感情處理好（太陰化忌）；但是祿隨忌走，所以當他發現自己做的不好，就會想更多的方法去填補感情的空缺，當然也可能是想找更多的感情對象。這時候對他個人來說，不一定是不好的事，因為他可能會有很多感情的機會，但是對他的對象來說就不見得了。

當我們在做推演的時候，總是希望一次就做出所有解釋，其實這是做不到的。就像我們看到的漂亮的舞蹈動作，都不會是一開始就如此流暢美麗，通常是拆解成一小段一小段，再慢慢地組合起來，解盤的時候也是如此，想不通的時候，先回到基本面去解釋，然後逐步地加上各項條件。

Q6 雙星同宮的時候遇到煞星是影響哪一顆主星？

假設太陽天梁同宮，遇到擎羊在同個宮位內，這時候擎羊是影響哪個主星呢？這當然是同時影響到兩顆主星。前面提到，我們可以將雙星視為一個雙人組合二重唱，所以解釋時可以先解釋雙星，再加上擎羊的解釋。例如，太陽天梁在本命盤官祿宮，這個人在工作上希望主導一切（太陽），並且希望能夠幫助身邊的人（天梁），只是行事作風上往往有點固執（擎羊），這是一個最簡單的初步解讀方法。

我們也可以分開解釋為：這個人在工作上希望主導一切，而且很堅持要以他的意見為主（太陽擎羊），而且他覺得這一切都是為大家好，希望能夠幫助到大家，這一點他絕不退讓（天梁擎羊）。這樣的解釋是不是聽起來更深入一點但是大意差不多呢？可見得其實是雙星各自受到擎羊影響然後組合在一起。不過，剛開始學習時，我們可以先當成是一組雙星的解釋再加上擎羊星，這會讓你比較好練習，熟練之後就可分開解釋。

分開解釋時，也有許多人會問：「貪狼跟火星在一起可以形成火貪格，但是如果是紫微貪狼跟火星這樣算火貪格嗎？」除了前面提到所謂的火貪格需要有對應條件之外，貪狼在雙星組合時遇到火星這樣到底算不算呢？其實這可以算、也可以不算。火貪格之所以被認為是速發的組合，是因為一個人如果有貪狼的慾望加上火星的爆發力，在足夠的機會條件下，他當然就速發了；但是如果這個貪狼不是單獨在一個宮位呢？這時候其實是：火星跟貪狼形成的慾望跟爆發力特質，影響了紫微星。所以，如果紫微星有拿到足夠的條件，是個有領導能力的皇帝，那麼火貪的力量就可以發揮出來；如果紫微星沒有足夠的條件，那麼就只是一個愛面子的人，一直希望自己可以速發，但是卻能力不足。

Q7 聽說雙星有主從關係，可以看出跟人之間的關係，怎麼看呢？

雙星的組合因為本身具備主從關係，所以通常在六親宮位內（圖二十九）可以用來看出命盤主人跟這個宮位的親屬如何看待彼此。例如，父母宮廉貞天相，則前面的星曜廉貞會是命主看待他父親的樣子，也就是說命主看待自己的父親會覺得有廉貞的特質，而父親看待命主會覺得命主有天相的特質，也就是雙星組合中，前面的主星是當成親屬宮位的那個人，後面的主星則是對方看自己的樣子。

圖二十九／六親宮位

僕役 巳	遷移 午	疾厄 未	財帛 申
官祿 辰			子女 酉
田宅 卯			夫妻 戌
福德 寅	父母 丑	命宮 子	兄弟 亥

Q8 大限的擎羊會不會影響我的本命盤呢？

會的，因為各命盤本來就可以彼此上下影響，所以如同四化一樣，各運限盤的祿羊陀也會彼此影響所疊併的宮位。

Q9 羊陀夾忌很可怕，我這樣的盤算不算呢？（圖三十）

其實這個問題也常見於各種格局組合中，但是這要回到每個宮位的組合來討論，不能只看單一宮位。因為一個宮位是由三方四正所組成，所以廣義來說只要在主要宮位跟三方四正內有出現，都算是有形成格局。

不過前面提到，其實各宮位的星曜特質組成主要宮位這樣的概念，也表示主要宮位內的星曜特質不會單獨存在，而是彼此影響，例如七殺在命宮的堅持跟重視自己價值，讓他在工作上會有很多的夢想希望去完成，所以其官祿宮一定是破軍，同時當然也需要很多的賺錢能力，希望有更多的財務能力，所以財帛宮一定會有慾望之星貪狼。每個組合都需要這用宮位的解釋去看，這樣就能知道問題在哪裡、影響哪些層面。

因此，羊、陀、化忌分散在三方宮位，不見得會嚴重到形成問題，但若羊、陀、化忌都集中在主要宮位，這當然是影響最嚴重的情況，這張盤以廣義來說是形成羊陀夾忌了，但是否會那麼地嚴重則要看主星是什麼。

圖三十／三方各自有擎羊、陀羅、化忌

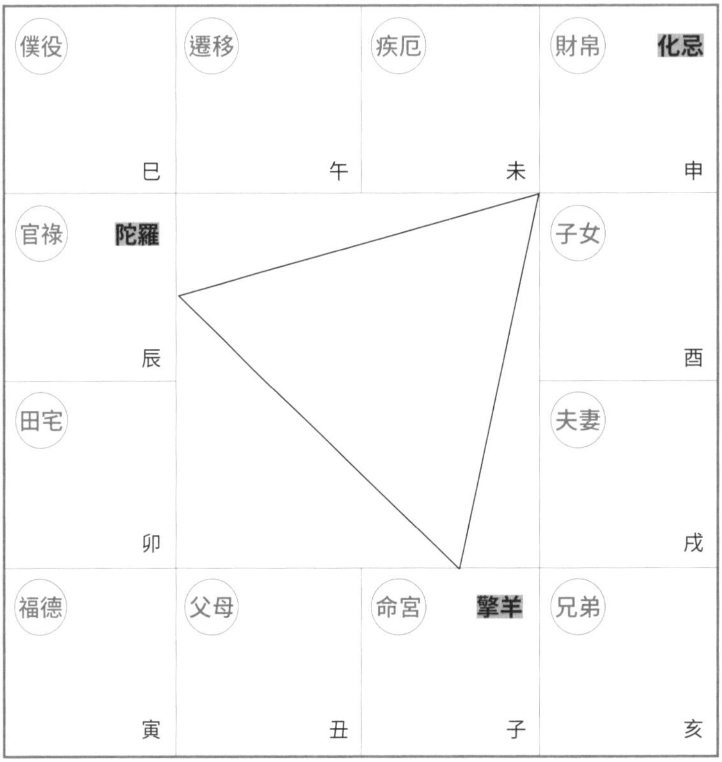

Q10 本命的羊與大限的羊，到底哪一隻羊比較兇呢？

回到命盤的基本架構，一個是天生的，一個是這十年自己的想法，問哪一個比較嚴重，其實應該要思量時間長短的問題再討論，本命的羊是跟著一輩子，大限的羊是十年。

Q11 擎羊跟陀羅好像都有固執的意思，兩者的區別是什麼呢？

擎羊會被解釋成很有決心、一刀砍下、決定後就一定要做的、無法控制的情緒；陀羅則是一直躊躇著，或是一直無法做出決定。這兩顆星曜往往被認為很雷同，好像都是代表固執，其實差別在於是否有所作為，擎羊是一種照自己情緒意志往前走的態度，陀羅則是不知道該如何做出選擇。

Q 12

空宮的時候，祿存要怎麼乘旺主星？

空宮若可以從對宮借主星過來，祿存同樣可以乘旺主星。如果是不能借星的情形，這時候通常會有情緒性的煞星或文昌文曲在宮位內，所以當祿存無法在宮內乘旺主星，通常我們對那個宮位所代表的事情也會比較沒有安全感，不敢付出也不敢明確地展現自己的態度。

★ 新手村通關小測驗 ★

小明的本命盤財帛宮是武曲貪狼同宮，只要遇到流年己年，小明的財帛宮就會出現雙祿跟雙權，請問小明的本命盤財帛宮在哪個地支位置呢？

答案／

武曲跟貪狼的組合會在命盤上丑跟未兩個位置出現，如果是流年為己，會有個流年擎羊在未宮，所以如果是武貪在丑，對宮未宮有個流年擎羊，武貪就無法借星曜過去；如果武貪在未跟擎羊同宮，對宮是空宮，可以借武貪過去，就可以形成己年的四化——武曲化祿、貪狼化權，而且星曜借過去後，會有兩個武曲化祿，成為雙祿，兩個貪狼化權成為雙權，是很好的組合。

第三步

綜合果菜汁解盤法

我們在第一章提到，星曜的解釋需要對應宮位，並且還要考慮對宮，再加上可能會遇到雙星、煞星、吉星、四化等訊息條件，往往讓初學者不知道該如何解讀。接下來將提供一個解讀的方法，讓初學者依次地做出推論，然後慢慢地把每一條推論組合起來，就可以順利地解讀出一個宮位內的完整訊息。

想像一下夜市的果汁攤，如果我們想喝西瓜汁，我們會跟老闆說要一杯「西瓜汁」。很清楚地，這杯果汁裡只有一種水果；如果我們希望再加個芹菜，我們會說「芹菜西瓜汁」；如果再加上番茄，我們會說「番茄芹菜西瓜汁」，再加牛奶，會說「番茄芹菜牛奶西瓜汁」。這個西瓜汁就像是宮內的主星，無論如何都會是主軸，就算有其它各式的訊息（芹菜、番茄、牛奶），也仍需要依照主星（西瓜汁）去做基礎變化。

在學習跟理解的過程中，切忌單一地想如果我的夫妻宮有擎羊表示什麼？會有這樣的想法出現，首先表示你忘記要考慮宮位內的主星，再來忘記要考慮對宮，然後忘記考慮是哪張盤的夫妻宮，以及因為你期盼答案能夠直接出現，於是整個學習歷程可能就變成只是在背答案而已。有成果的學習方式，需要依照學理一步步地推論，試著推論出解釋之後，再去對應你所知道的答案，因此在初學的過程中其實忌諱去討論沒有正確答案的命盤，或者去解讀未知的答案。例如，我們常看到有命理師會討論某明星的命盤，這或許會吸引大家，也可以當作茶餘飯後閒聊的話題，但對於自己的學理提升其實效果不佳。一方面我們不知道某明星的生辰是否正確，另一方面我們不知道我們是否正確理解這個明星的生平訊息，或許很多事情只是媒體包裝出來的人設而已。又例如，我們也很常討論像明年財運如何這樣的題目，這固然好玩有趣，但若是當成初學者的練習題，其實往往是浪費時間，因為討論一年後的事情，現在根本無從驗證，所以練習是需要能夠有標準答案驗證的。

如果有個明確知道答案的命盤，我們可以試著解讀這個盤上的宮位涵義。例如要解讀大限夫妻宮是武曲貪狼同宮，武曲化祿，貪狼化權，對宮有個擎羊，所以無法借星曜過去對宮，本身還有一個本命盤的陀羅星同宮（圖三十一）。

圖三十一／大限夫妻宮是武曲貪狼同宮，武曲化祿，貪狼化權，
對宮有個擎羊，所以無法借星曜過去對宮，本身還有一個本命的陀羅星。

首先，這是大限的命盤，代表這十年的感情態度（大限夫妻宮）以及感情的狀態，先假設他是單身，這時候可以討論他在這十年的感情態度，以及期待找到什麼樣的對象，所以可以說：這十年他希望在感情經營上可以務實（武曲），但是還是需要一點浪漫的成分（貪狼的慾望）；喜歡的類型，希望可以有不錯的工作能力（武曲，務實的感情態度），最好還能多才多藝（貪狼的慾望會希望對象不要太呆板，感情不是一成不變的相處）。到此為止大概就是基礎版的西瓜汁了。

再來，因為武曲化祿，貪狼化權，而大限夫妻宮可以說是對待感情的方式，所以在感情上應該會很大方，尤其是在金錢方面（武曲化祿，務實的感情經營態度，直接實質地用金錢展現出想對人好的心意），這會讓他這十年異性緣不錯（化祿，增加出來的感情機會），而且希望自己的用心經營，可以讓自己好好掌握感情狀態（貪狼化權），因此同時跟多個異性往來（化祿是增加，化權是掌握，用「多」來證明自己對感情的掌握），只要遇到喜歡的人就會馬上行動（對宮是擎羊，果決），不過往往一邊行動的同時又不知道該怎麼抉擇，不知道彼此適不適合，也不知道該選哪一個（陀羅的糾結）。

★超實用解盤句型

從以上的範例可以看出，先以主星為主架構，做出對應的解釋之後（知道是西瓜汁以後），接著開始將宮內的各種條件一項項地加上去（以西瓜汁為基礎，不斷地加入各種蔬菜配料），如此就可以做出更為細膩的解釋，並且因為一條條地分析解說，才不會讓自己一瞬間為了要解出所有的訊息而不知所措。

練習時，建議可以拿個紙筆，試著一項項寫下來。因為人腦的運轉速度很快，很多時候你會福至心靈一般，覺得自己感覺到命盤的意思，但是卻無法有條理地說出來，這都是因為不擅長或者是不習慣將想法轉化成文字，所以用紙筆一項項寫下來，然後一條條去比對自己的答案是否有符合原則，最後驗證整理出來的答案是否跟真實情況相同。

初學時，這樣的練習方式乍看很緩慢，但就如同所有複雜的運動技巧，一開始都需要分解每個動作，再慢慢地組合起來。紫微斗數宮內的訊息量十分龐大，這個練習可以讓我們知道如何整理出自己的解讀理路，所以初學時期看一張盤需要八個小時是很正常的，慢慢地就會越來越快。如果不經過這樣的練習，就容易掉入希望直接取得答案的陷阱中，這也是許多人學了五年十年，卻永遠覺得學的資訊不夠多，就算把各流派都學一輪卻仍無法解盤，這就像是看再多的烹飪名家做菜，如果不曾自己一步步地熟悉做菜流程跟手法，看再多料理示範也還是端不出一盤自己煮的好菜。

我們也可以把這個過程變成以下的句型，以P175圖三十一為例：

＿＿＿＿，他對＿＿＿＿，比較偏向希望可以＿＿＿＿，所以＿＿＿＿，但是＿＿＿＿，而且最好能夠＿＿＿＿，並且＿＿＿＿，不過＿＿＿＿。

這十年（大限），他對感情的態度（夫妻宮），比較偏向希望可以務實一點也能有多一點機會，但是不想只是玩玩就好（武曲貪狼），所以他會對喜歡的對象很大方（武曲化祿），但是他也希望自己要能夠在感情世界中掌握對方，而且最好能夠不只一個對象，並且只要有心動的對象，他就會義無反顧地去追求（擎羊），不過有時候難免會有些躊躇（陀羅）。

利用這樣的填空練習，可以幫助我們比較完整地說出宮位內的解釋。

特訓專區Q&A

Q1 大限財帛宮，太陰同時化權又化忌，對面天機，該怎麼解釋？

利用前面的填空句型，我們可以這樣解讀：

這十年，他希望在理財上（大限財帛宮），能夠比較有方法地存錢掌握自己的財富（太陰化權對宮天機，善於思考找方法），但是也常覺得自己的方法可能不太好（太陰化忌）。

Q2 我的財帛宮內太陰化祿，對宮天同，又有一隻擎羊，到底是會賺錢還是破財呢？

只有一隻擎羊，只代表你對於主星的態度會很堅持，也就是說，宮位內的解釋都以主星為主。財帛宮太陰化祿，對宮天同，表示在吃喝享受上用錢很大方，賺錢的方式則適合儲蓄為主，而且對於這樣的態度跟價值觀你很堅持，不願意改變（擎羊）。

Q3 推算命盤的時候要考慮運限的擎羊，如果流年有化祿是不是就不用怕擎羊呢？

宮位內的解釋都是同存在的，沒有是否可抵銷或者不用怕的問題。

Q4

我的本命盤夫妻宮內有個寡宿，是不是表示沒有婚姻？

這些小星曜要依照主星做調整，不能單獨論斷。

Q5

紫微斗數好難喔，命盤好複雜、看不懂，不知道該怎麼推算？

會覺得很難是因為我們在學習上已經習慣背誦，太少思考跟推論，所以需要給自己一點時間去做這樣的練習，就像一個腳踏車選手可能腳很有力氣，但是要舉重就還是要多練習一樣。

★ 新手村通關小測驗 ★

大限夫妻宮疊本命財帛宮，生年武曲化忌與大限陀羅，對宮有大限的貪狼化祿並且有個生年的陀羅，該如何解讀這個大限夫妻宮呢？（圖三十二）

答案／

這十年的感情態度重視彼此的金錢價值觀（大限夫妻宮疊本命財帛宮），而且重視感情能夠帶來的實質利益（武曲），也容易為此在想法與現實的差異有所糾結、困擾（陀羅），因此往往讓自己好像找不到適合的人，或者容易跟身邊的人因為金錢關係而有爭執（夫妻宮武曲化忌）。雖然看起來好像異性緣不錯，很懂得如何跟異性相處（貪狼化祿），但有機會因為這樣的相處關係而發生糾紛（陀羅）。

圖三十二／大限夫妻宮疊本命財帛宮，生年武曲化忌與大限陀羅，
對宮有大限的貪狼化祿並且有個生年的陀羅

太陽 巳	破軍 午	天機 未	紫微 天府 申
武曲 化忌 **大限陀羅** **大限夫妻宮** 本命財帛宮 辰			太陰 酉
天同 卯			貪狼 化祿 **本命陀羅** 戌
七殺 寅	天梁 丑	廉貞 天相 子	巨門 亥

第四步

搭建屬於自己的解盤體系：基本解盤SOP

了解前面單一宮位的解釋邏輯之後，接下來我們要學會解釋整張命盤。看懂一整張命盤，能讓我們更了解這個命盤的主人，包括他整個人主要的個性特質、長相、內心層面以及價值觀，這些都會影響他整個人生的走向，所以我們能夠憑藉這些訊息進一步地推算他在當下的情況，以及他會做的決定。

傳統上一直都有所謂命理師算自己會不準這個說法，這並非是命理學的學理有問題，而是因為命理學的推論跟判斷需要高度的理性，缺乏了理性判斷就沒有辦法做出合理的推算，所以我們常常可以看見許多人在討論他人的事情時，都非常地有看法也可以清楚跟客觀，所給的建議也十分地有智慧，然而自己遇到事情卻是手忙腳亂往往做出錯誤判斷，這就是因為我們會受到自己個性的影響，「知道」跟「做到」之間往往比京劇的水袖還要漫長延綿，內心的搖擺動也如水袖般難以停止。這一切當然都是因為關心則亂，這也是命理學給予我們的訓練——利用清楚的學理告訴自己理性的層面，避免感性跟情緒帶給我們的錯誤判斷，讓我們更加知道如何面對人生的選擇，可惜的是命理師也是人，一樣會受到感情影響，所以在面對自己命盤時就容易出錯。

解決的方法就如同前面提到的，當我們在解盤的時候，會有一定的程序跟需要注意的事情，剛開始練習時，需要一步步地照著程序走，直到十分熟練為止，並且隨時透過交叉比對去檢查自己的判斷。尤其面對自己的命盤時，試著想像如果這是一個客人的盤，自己會給出什麼建議，當然這樣的練習也可以讓你面對客人時，給出理性的建議，不會用自己的價值觀去建議別人，不會受客人的情緒影響，甚至掉入謊言中（這一點在律師業也十分常見，明明是自己外遇並對丈夫言語暴力，導致老公情緒失控，卻只說老公家暴），而做出錯誤的判斷。

要梳理一整張命盤的整體結構，我們建議使用下列這八大解盤步驟：

★1. 有格論格，無格論財官

前面提到所謂的格局是一種分類，雖然一直強調格局不會只是幾個星曜組合就會成立，也無法單獨存在，還需要滿足其它條件，但是格局確實是一種不錯的分類方式，至少如同打痲將一樣，我們拿到牌就可以有一個方向去尋找自己所需要的牌。命盤也是如此，有了基本的格局結構，我們至少會知道還缺了什麼。之所以不強調格局，只是因為長久以來初學者甚至很多開業命理師，只會專注在格局的組合，對命理的判斷落入了「有什麼格局就會如何如何」的習慣框架中，如果不會落入扁平單一的判斷，單純將格局當成分類還是很好用的，至少一開始我們就會知道一個簡單的大方向。

如果遇到沒有格局的星盤組合，這時候也不用擔心，我們只要看這個人的官祿宮就可以了解這個人的基本人生價值與工作情況，以及看財帛宮便可以知道這個人的用錢觀念跟賺錢能力，這兩個主軸幾乎決定了一個人在世界上是否符合主流社會認定的價值與經營人生能力，也可以判斷出他的基本人生定位。如同一台汽車，我們知道了品牌（如同格局），就知道他大致上的市場定位，但是一台法拉利雖然速度很快，卻不一定會跑贏比賽。如果不知道品牌，那我們也可以從這台汽車的引擎底盤跟內裝設計來了解這大概是一台怎樣的車子、他的市場定位應該在哪裡。（圖三十三）

圖三十三／有格論格，無格論財官

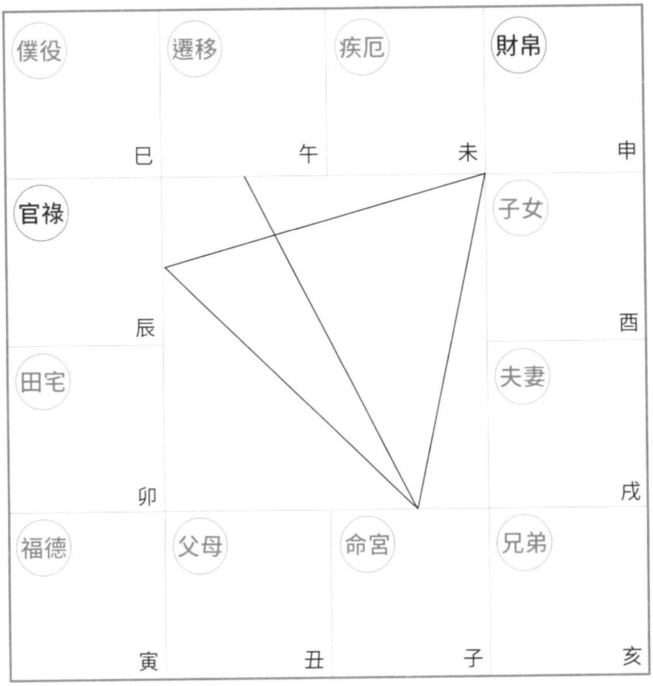

★2. 身宮所在的位置

身宮所在的位置會是人一生重視跟追求的價值（圖三十四），一旦成年有自我的行為能力後就會開始想追求自我價值實現，這時候身宮就開始影響他。要記得的是，身宮所在的宮位是價值的重視與追求，但是重視什麼跟追求什麼還是要看宮內的星曜。例如一個人如果身宮在夫妻宮，而且充滿桃花星，這時候我們可以知道這個人在乎感情的追求也擁有這樣的能力跟心情，這時候即使他是在事業的巔峰，也不會因此成為工作狂忘記談戀愛。

圖三十四／身宮依據出生時辰而定

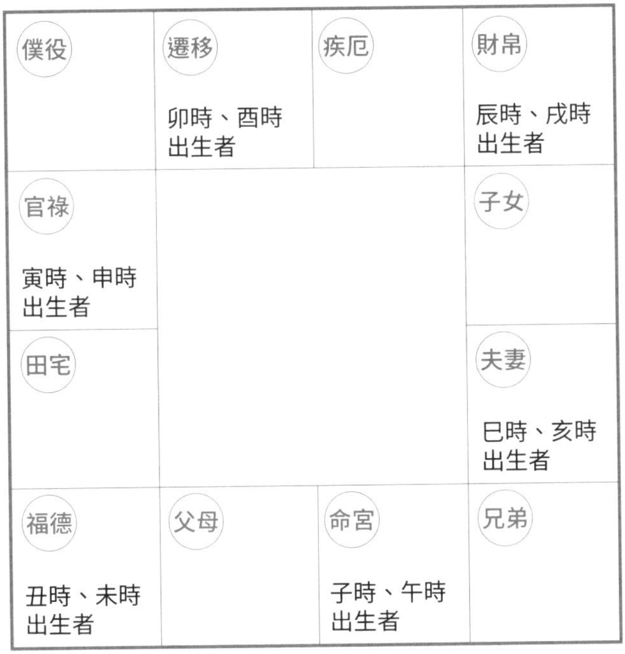

出生時辰	身宮所在宮位
子時、午時	命宮
丑時、未時	福德宮
寅時、申時	官祿宮
卯時、酉時	遷移宮
辰時、戌時	財帛宮
巳時、亥時	夫妻宮

★3. 化忌所在的位置

本命盤中化忌所在的宮位，通常是自己一生都會覺得有所空缺的地方，這種空缺的概念就像那種總是覺得不夠的心理感覺，例如有個人化忌在夫妻宮（圖三十五），但是他有個人人稱羨的美嬌娘，出得廳堂進得廚房，他自己也知道其實非常美滿，但是還是會有種內心的不滿足，這份不滿足往往就會讓他在適當的時機去追求滿足的機會，也就是如果身邊的人不夠好，有點缺失，自己又有機會，那就可能出軌了，當然這都是需要有足夠的條件構成，但是我們可以用這樣的條件知道有這個可能的存在。

圖三十五／化忌所在的宮位，化忌在夫妻宮

僕役 巳	遷移 午	疾厄 未	財帛 申
官祿 辰			子女 酉
田宅 卯			夫妻 **化忌** 戌
福德 寅	父母 丑	命宮 子	兄弟 亥

★4. 陀羅所在的位置

陀羅原始的定義是一種自己擺脫不掉的情緒，讓自己沉陷在其中，是佛教對人生煩惱的觀點，所以本命盤陀羅所在的宮位也會是自己一生所需要經營跟注意的功課所在，通常也會是自己不知道該怎麼處理的問題所在。當然這個功課內容就要看宮內的星曜是什麼了。（圖三十六）

圖三十六／陀羅所在的宮位，如癸天干的陀羅在亥位

僕役 巳	遷移 午	疾厄 未	財帛 申
官祿 辰			子女 酉
田宅 卯			夫妻 戌
福德 寅	父母 丑	命宮 子	兄弟 **陀羅** 亥

★5. 十二宮最差的宮位

所謂「最差」的意思，在初學階段我們可以簡化為有煞忌的宮位，當然這就要看十二宮位相較之下，哪一個宮位的煞忌比較多，而且比較的時候要將一個宮位的三方四正等四個宮位都組合起來比較。假設一個宮位內充滿內心的空缺（化忌）跟情緒上的火爆（火星），那麼在這個宮位就容易出現需要擔心的問題（圖三十七）。傳統命理學的價值判斷追求的是圓融平衡，只要是會暴衝、不安穩的，都被認為是不佳的狀態，而無論是空缺或是情緒波動，自然都不符合圓融平衡的條件。雖然這樣的觀點在近代不一定正確，但是不可否認地，這些會在人生白紙上畫下色彩的力量，通常也是我們需要去注意的。

從第1點到第5點，我們可以知道這個人基本的個性價值跟能力（有格論格無格論財官）、這個人重視的價值、自己心裡永遠覺得缺少的部分，還有讓他總是不知道該怎麼處理的部分，以及在他人生中會讓他情緒波動的部分，這些是基本架構，在這個架構上我們可以知道他會做出如何的價值選擇。

圖三十七／十二宮最差的宮位，相對差的宮位在申位

夫妻 巳	兄弟 午	命宮 未	父母 化忌 火星 申
子女 辰			福德 酉
財帛 擎羊 卯			田宅 鈴星 戌
疾厄 寅	遷移 陀羅 丑	僕役 子	官祿 亥

★ 6. 大限命宮所在的位置

我們在初學時常遇到一個情況，看本命盤所描述的狀態跟眼前這個人完全不同，這就像我們說這個人是易胖體質，但是他卻身材健美一點都不胖，這可能是因為他最近為了愛情而認真健身，這是大限命盤對一個人的影響。十年大限讓我們在人生中每十年一個階段會各自有追求的生命價值，這時候檯面上會比較容易看到的反而是十年大限命盤所展現的部分，加上疊宮的觀念（疊併的宮位會是重視的事項），所以我們可以知道大限命宮所疊到的本命盤宮位，就會是這個十年自己在乎的事情。至於怎麼個在乎法，就要看大限的那個相關宮位，例如大限命宮疊本命夫妻宮，會重視自己對感情的追求，至於怎麼追求、怎麼重視，要看大限命盤夫妻宮內是什麼星曜。

★7. 大限命盤的分析

除了在乎的事情之外，在這個大限中，基本的能力跟個性如何也很重要（格局，以及財官），還有內心的空缺（化忌的位置）、擺脫不掉的事情（陀羅的位置），這些就構成了這個十年自己的基本組成結構，就像一台車在這時候是什麼樣的性能狀態，車上載了什麼，旅程的目的是什麼，以及他這十年的路途上會遇到什麼。

★8. 流年命宮所在的位置

流年是外界在當下對我們的影響，往往也會是我們當下去算命的原因。如同大限命宮，看流年命宮的位置是本命的哪一個宮位，如果是在本命財帛宮，便要去尋看流年財帛宮的狀態，並且將流年命宮的格局與財官、命盤內化忌的位置、陀羅的位置，都找過一次，就可以知道這一年主要的情況如何。

每個步驟對於宮位的解釋都要依照前述的綜合果菜汁解盤法去解釋，也要依照三方四正，說到這裡往往許多人就會覺得，這樣看一張盤得看多久啊，事實上初學者每張盤看上八小時都不算多，因為唯有這樣反覆練習才能將解盤的理路跟邏輯內化為自己的反射，也才會避免因為自己的價值跟情緒去作出片面的判斷，我們也不需要如同許多老師在招生廣告上說的，自己看了一萬張十萬張盤有多厲害（事實上根本做不到，或者說如果需要這樣的數量，是否表示他的學習方法可能效率很差），通常認真地研究百餘張命盤，就可以具備不錯的水準了。（不足的部分可能只是某些較為少見的命盤，或者自己沒有的經驗而已。）

特訓專區Q&A

Q1

看本命盤的時候要考慮大限的陀羅嗎？

要的，命盤有疊併的功能，當下的情緒跟價值觀往往受到天生的價值觀影響，而當下自己內心放不開的糾結當然也會影響自己天生的價值觀，所以看大限命盤的時候要考慮本命盤的陀羅，而看本命盤的時候，隨著練習的增加，當然也要看這個十年自己糾纏的事情到底影響了自己哪一部分的天生價值觀。

Q2

宮位內有本命擎羊跟大限陀羅，要以哪一個為主？哪一個影響力比較大呢？

前面提到，命理上其實沒有所謂的強弱問題，要思考的是星曜在哪個宮位、哪張盤出現，所以並非以哪個星曜為主，而是同時存在。

原則上，時間長的命盤當然影響力會較大，但是在學習的時候要盡可能屏除這種單純地比大小的思考方式。就像一間房子年久失修，一個颱風將它吹倒，到底是颱風讓它倒的？還是因為年久失修（本命）才倒的呢？要說是因為颱風（大限），但是如果它是新房子，建築很堅固，颱風來又何妨呢？要說是因為它年久失修，但是如果沒有颱風，它也一樣好好的不是嗎？

Q3 要考慮小限嗎？

小限盤的解讀方式比照流年盤，只是小限偏向我們自己個性造成的情況，所以建議初學者在練習時可以先從流年盤開始。

Q4 分不出來哪一個是命盤上最差的宮位該怎麼辦？

這絕對是初學者常見的問題，甚至很多人學很久可能還是有這個問題。所謂的好壞本來就沒有一定的價值判斷，這是我們一直提倡的觀念，宮位真正的狀況其實需要很多條件去做綜合判斷，而這個判斷的過程正是命理學最精采的地方，也是最能證明每個命理師程度的地方，需要多年的經驗累積。

所以在初學的時候，我們只需要去理解哪個宮位是相對最容易讓我們的情緒跟生命波動的——也就是煞忌最多的宮位。再更多一點的考量是，宮內的主星面對煞忌的能力，這包含主星是否拿到他需要的條件讓他成為較能發揮能力的主星，以及主星本身的個性特質容不容易受情緒影響。最後才是做出自己需要的價值判斷，例如希望離婚，那麼很多煞忌可能是好的情況；希望離婚但是不要破財，那就要考慮到煞忌不能在影響財庫的宮位等這類的細節分析。

Q5

宮位內有很多煞星但是也有化祿，算是差的宮位嗎？

承問題四，所謂的「最差」，是相對比較出來的，所以應該要整張盤每個宮位去彼此比較。

★ 新手村通關小測驗 ★

這是小明的命盤，請問該如何解釋？（圖三十八）

答案／

1. 有格論格，無格論財官

小明是個心思細膩且容易受到情感層面的影響（本命命宮），特別喜歡帶有巧思的事物，願意為此花錢（本命財帛宮），做人處事上想當個老大哥般照顧他人（官祿宮）。

2. 看身宮所在的位置

身宮與命宮重疊通常自我觀念比較重，也相對容易固執，心思細膩容易受情感層面影響，對應到固執的特質，就易讓人感覺沒有原則變來變去，且自己不願意承認。

3. 化忌所在的位置

福德宮代表精神靈魂，在容易空虛寂寞覺得冷的狀況下，缺乏理性思維，更加凸顯出內在的不安。

4. 陀羅所在的位置

遷移宮代表外在的展現與內心深處的想法，坐落著代表糾結、來回反覆的陀羅，在自己認定與固執的同時深受細膩想法與感性層面的影響（命宮），導致更無法判斷釐清狀況，往往呈現出不理性與不理智的樣子。

5. 十二宮最差的宮位

煞忌集合最多的宮位恰巧是福德宮，如同 3. 的解釋，有代表冷靜計算的鈴星，乍看之下以為可以稍稍撫平不安，但命盤上的跡象無抵銷，而是同時存在，因此也讓他在不安的同時，以為自己能做到最好的安排。

6. 大限命宮所在的位置

大限命宮走入本命子女宮，對應的有機會是內心對家的想法、對於在家的外面的想法與追求，想要在務實中追求夢想，並且內心希望有規則條理地執行與實現。

7. 大限命盤的分析

此大限想在務實與追逐夢想的過程中（大限命宮），對於自己認定人際往來上該花該用的毫不手軟（大限財帛宮），行事上也想展現高人一等且各式各樣皆有所成（大限官祿宮），但是忽略了人際往來之間忌諱感情用事，也忽略只能同樂無法共苦的是酒肉朋友，因此使媽媽煩惱不已（大限化忌），在外該有的規則條理也因為游移不定，讓自己裡外不是人（大限陀羅），若無法堅定自己的內心，那麼事業與財務勢必難有作為。

8. 流年命宮所在的位置

流年命宮疊併本命命宮與大限田宅宮，今年要多著墨在自己與家人間的相處，勿因情感上的固執和莫名的堅持招致煩惱，如同前述 1. 提及的部份外，在外需注意金錢要花在刀口上（流年化忌），特別是別花在被他人起哄或來路不明的商品（流年陀羅），綜合來說用錢有度、有計劃的使用方可避免破財。

圖三十八／小明的命盤

天相 大限陀羅 流年田宅 大限遷移 田宅 癸巳	天梁（科、祿） 天鉞 大限祿存 流年官祿 大限疾厄 官祿 甲午	廉貞 七殺 大限擎羊 流年僕役 大限財帛 僕役 乙未	陀羅 流年遷移 大限子女 遷移 丙申
巨門（祿） 文昌（忌） 右弼 鈴星 流年福德 大限僕役 福德 壬辰			祿存 火星 流年疾厄 大限夫妻 疾厄 丁酉
紫微（權） 貪狼（權） 流年父母 大限官祿 父母 辛卯			天同 文曲（科、忌） 左輔（科） 擎羊 流年陀羅 流年財帛 大限兄弟 財帛 戊戌
天機 太陰 天魁 身宮 流年命宮 大限田宅 命宮 庚寅	天府 流年兄弟 大限福德 兄弟 辛丑	太陽（權） 流年擎羊 流年夫妻 大限父母 夫妻 庚子	武曲（祿、忌） 破軍 流年祿存 流年子女 大限命宮 子女 己亥

第五步

命盤上隱藏的陷阱跟寶藏：暗合宮

原則上紫微斗數的十二宮是彼此之間都有關係的，因為一個人的人生不會單獨存在，沒有父母我們不會出生，每個人的人生都會受到各種人際關係影響，也都會因為自己的身體狀況、長相，自然有不同的人生情況，因此雖然命盤區分成十二個宮位，但是卻彼此相連，互相影響，這是理解宮位的一個重要觀念。包含前面提及的本宮與對宮的內外關係、每個宮位的基本組成要看三方四正等四個宮位，這些都是明確的宮位結構，另外還有一個宮位結構是較少人知道，但是卻相當重要的「暗合宮」（圖三十九）。

圖三十九／暗合宮，十二地支暗合

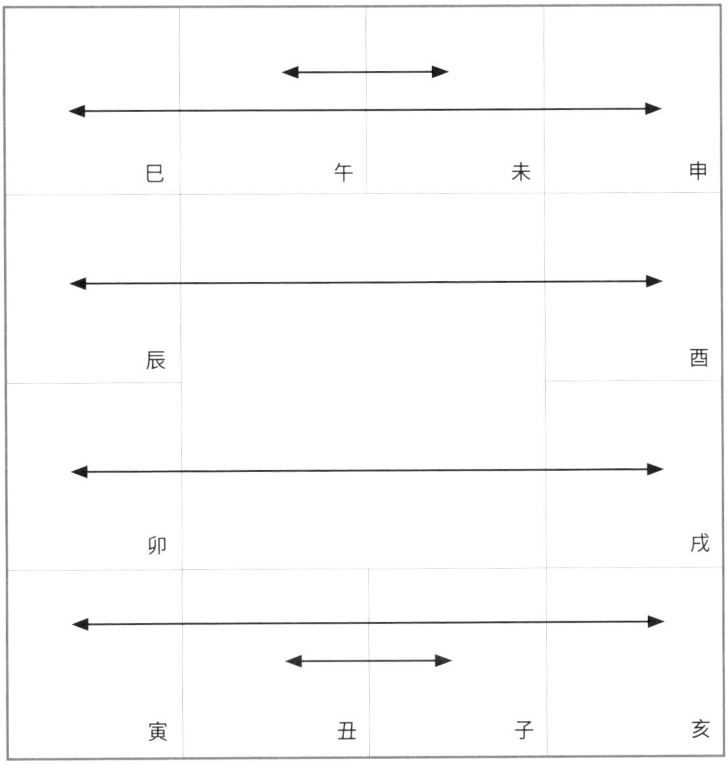

十二宮中會有六個彼此的暗合宮位，如果套上十二宮的排列組合，就會有下列六種組合，並且會有基本的涵義（圖四十）。

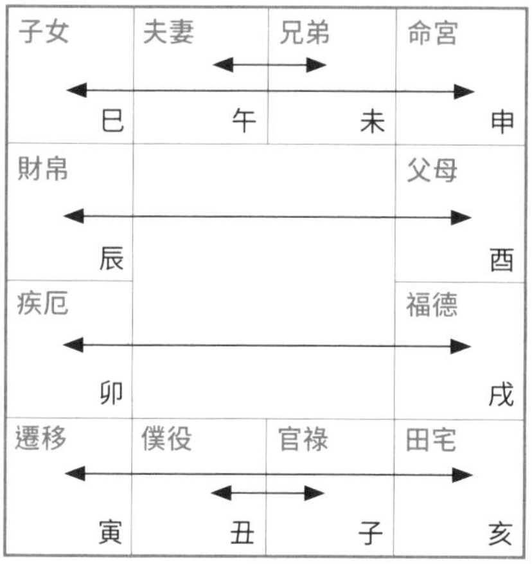

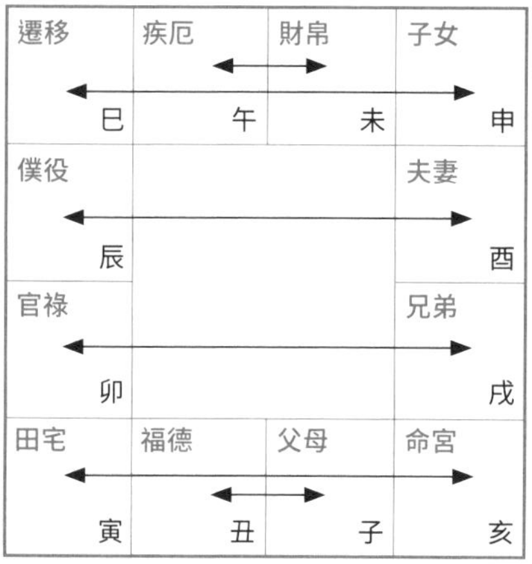

圖四十／六組暗合宮組合

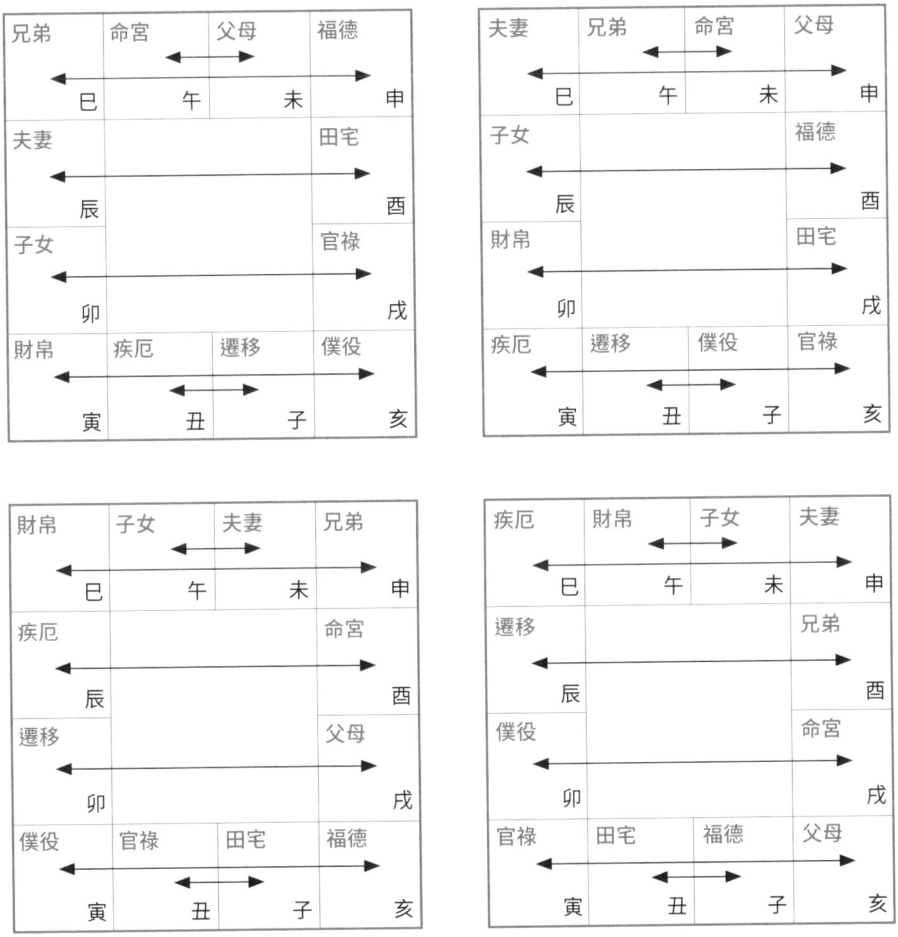

兄弟 巳
命宮 午
父母 未
福德 申
夫妻 辰
田宅 酉
子女 卯
官祿 戌
財帛 寅
疾厄 丑
遷移 子
僕役 亥
夫妻 巳
兄弟 午
命宮 未
父母 申
子女 辰
福德 酉
財帛 卯
田宅 戌
疾厄 寅
遷移 丑
僕役 子
官祿 亥
財帛 巳
子女 午
夫妻 未
兄弟 申
疾厄 辰
命宮 酉
遷移 卯
父母 戌
僕役 寅
官祿 丑
田宅 子
福德 亥
疾厄 巳
財帛 午
子女 未
夫妻 申
遷移 辰
兄弟 酉
僕役 卯
命宮 戌
官祿 寅
田宅 丑
福德 子
父母 亥

暗合宮就字面來說，指的是宮位彼此之間潛在的影響。什麼是潛在的影響呢？就是不明顯，連自己可能都不願意承認，但是卻幾乎影響到骨子裡的。例如父母跟命宮暗合，則個性、價值甚至長相都會高度地受到父親所影響，但是本人卻不一定會承認。

在學習暗合宮時需要注意幾個要點，首先這是宮位涵義的彼此影響，所以說的是A宮位與B宮位彼此影響著。如果宮內是空宮無主星呢？很簡單，因為是宮位的彼此影響，若無主星可以借對宮主星，若不能借表示有煞星跟文昌、文曲存在，所以還是可以依照宮位解釋的涵義，解讀彼此的影響。再者，暗合宮雖然是潛在的影響，但是並不會因此而降低影響的力量，只是影響的方式不同罷了。而這個潛在的影響力包含幾個層面：心理層面，如同前面提到的父親對你的潛移默化影響；實質影響力層面，兩個宮位之間有實際的交流，例如兄弟宮暗合財帛宮，而財帛宮化祿，所以財帛宮有錢並且暗合了兄弟宮，這表示總是會在金錢使用上（財帛宮化祿）不自覺地去照顧（暗合）自己的兄弟姊妹或者母親（兄弟宮）。（圖四十一）

圖四十一／兄弟宮暗合財帛宮，財帛宮化祿

如果是兄弟宮化祿暗合財帛宮，這時候變成化祿從兄弟宮暗合到財帛宮，就會換成自己的兄弟姊妹或者母親（兄弟宮）總是給予（暗合）自己金錢支助（財帛宮）。（圖四十二）

相對地，既然宮位之間可以給予化祿，當然也可以給予化忌、化權跟煞星，所以也可能我的兄弟姊妹給我錢，但是我讓他們覺得心煩，例如兄弟宮化祿暗合財帛宮，財帛宮陀羅暗合兄弟宮（圖四十三）。這是實質上的彼此影響，但其中也有心理素質、心情等形而上的層面，跟實際直接給錢這類現實層面的暗合。本命盤說的是天生的個性特質，所以本命盤的暗合通常是個性特質受到影響，但是如果是運限盤就可能是實際的給予了，無論是給錢還是給傷害。

圖四十二／兄弟宮暗合財帛宮，兄弟宮化祿

圖四十三／兄弟宮化祿暗合財帛宮，財帛宮陀羅暗合兄弟宮

所以從各宮位的暗合關係就可以看出命盤上不直接、不明顯，但是影響力不小的事情，例如感情對象的命宮化祿暗合兄弟宮，這時候就可以知道這個男人應該會對兄弟姊妹或是媽媽不錯，嘴上不說但是行為卻無法停止，所以如果你希望嫁他之後管著錢，不讓他一直資助自己的兄弟，這可能很難了，尤其當他是武曲化祿的時候，內心潛在對兄弟姊妹好的方式就是給錢。

依照每個命盤所代表的意義，暗合宮會有不同的涵義，不過因為疊宮讓命盤可以立體使用，所以也可能本命兄弟宮天梁化祿暗合大限田宅宮（圖四十四），這就有可能是自己要買房子的金錢是媽媽資助的，因為本命的兄弟宮可以當成是母親，天梁是照應的老人，化祿的解釋要依照每個星的特質而產生，所以帶有照應特質的老人給出來的祿，暗合到我這十年的房子，讓我大限的田宅宮（財庫、房產與居住環境）有多出來本來不屬於我的機會（化祿），這當然表示如果我在這個大限買房子，可能會有來自於母親的支持。

圖四十四／本命兄弟宮天梁化祿暗合大限田宅宮

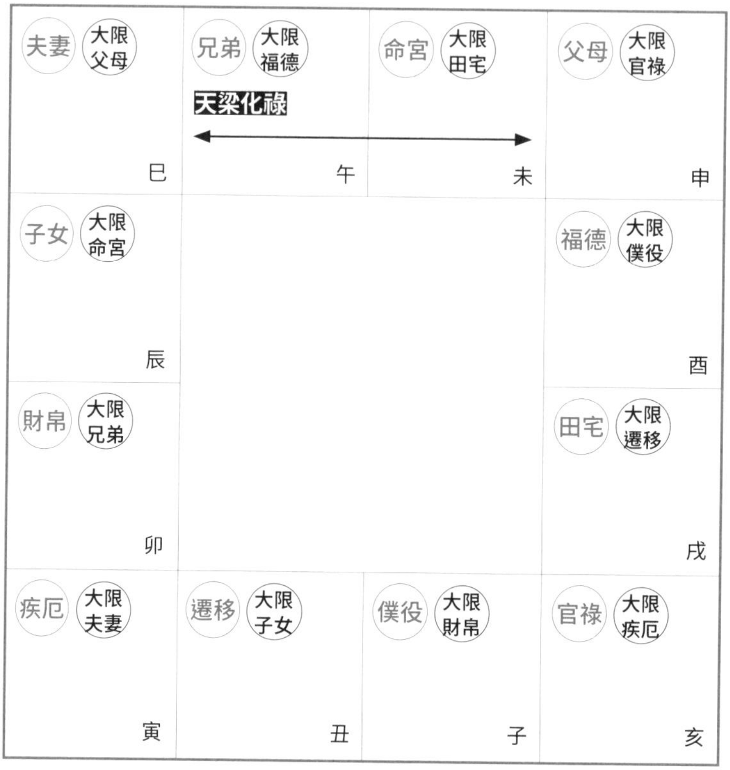

所以從各宮位的暗合關係就可看見，不只是同一張盤可以暗合，本命盤也可以暗合大限盤，大限盤也可以暗合本命盤，流年盤也可以暗合大限盤。只是在剛開始學習的時候，建議先熟練同一張盤的暗合，釐清宮位之間的關係以後，再練習各命盤之間的暗合，並且解釋的時候注意各命盤的基本涵義，就可以避免出錯。關於暗合宮六個組合的基本解釋，也可以利用我的免費部落格文章與教學影片來理解。最後再統整一次暗合宮的幾個重點：

1. 暗合宮是宮位涵義之間彼此的互相影響。
2. 暗合宮影響彼此的個性跟價值觀。
3. 如果有明確的化祿、煞忌等也會彼此影響，不會單一存在。
4. 立體化的各運限盤之間也會上下彼此影響。

特訓專區Q&A

Q1 暗合宮跟三方四正，誰的力量比較大？

並沒有哪個宮位結構力量比較大的問題，而是影響的方式不同。

Q2 何時要考慮暗合宮？

隨時隨地要考慮，暗合宮如同三方四正，是隨時都要使用的，因為它是無時無刻都存在於命盤中彼此影響，但是初學者實際在命盤的解讀操作上，一次要考慮那麼多事情（對宮，三方四正，疊宮，還要去解釋主星跟輔星關係），早就已經精疲力盡，再加上暗合宮絕對是眼花撩亂，所以在實際應用上，暗合宮可以放在後面。

舉個例子，一對夫妻感情不錯，運限的夫妻宮看來也是相當好，沒有煞忌，都是化祿，但是卻總是跟另一半有一些相處問題，結果一看命盤，另一半的兄弟宮暗合夫妻宮，表示他的感情價值觀深受母親影響。若剛好他的兄弟宮在這個大限是巨門化忌加鈴星，原來是他媽媽（兄弟宮）內心有不安全感（巨門化氣為暗，巨門是每個人內心的黑暗面，也是因為這個黑暗面所以會一直希望跟別人溝通，因此會有巨門善於說話或者不善於說話的兩種論點，其實善於說話是因為一直要跟人溝通，自然口才、話術會有所加強，不善於說話也是因為一直要跟人溝通，但是如果方法不對當然就化忌了，也就變成不善於說話），因為這個不安全感往往會造成關係的疏離（化忌）暗合到夫妻宮，鈴星是有謀略善於計算的星曜，這樣的母子關係去影響了當下的感情，所以表面上看來恩愛但是實際相處有問題，卻又說不上來什麼問題，這就是暗合的力量。因此，在剛開始學習的時候，可以把暗合宮當成考慮三方四正之後的補充訊息跟尋找蛛絲馬跡。

Q3 暗合宮只能用在同一張盤嗎？

如同前面提到的，宮位因為有疊併的立體化結構，因此當然不會只有同一張盤才可以暗合，也可以本命盤暗合大限盤。

Q4 如果我的命宮跟父母宮暗合，但是父母宮空宮，是不是就沒有暗合的力量呢？

空宮可以借對宮的星曜，如果不能借，表示宮位裡有很明確的煞星或文昌、文曲，重點是暗合宮是宮位暗合，所以跟是否空宮無關。

★ 新手村通關小測驗 ★

小明常常忍不住借錢給哥哥，如果以暗合宮來解釋，他應該是怎樣的情況？

答案／

小明的命宮暗合兄弟宮，或者是財帛宮暗合了兄弟宮，並且在命宮的星曜最可能是武曲化祿或祿存，因為跟錢財有關係。

第六步

將事件現象去對應命盤上的跡象

我們很容易在解盤時，掉入問題的陷阱，這是因為我們對於知識的了解與認知往往來自於生活圈跟影視作品，我們常見對於命理的了解，也不外乎來自於自己、朋友，或者電視媒體上展現的算命過程。你一定見過聽過以下幾種情境，「請問老師我老公是否有外遇？」「請問老師我老公會不會早死？」「請問我能不能生小孩？」各種「請問」之後加上一個自己預期的答案或非黑即白的選項。這是因為許多人面對命理時，都會拿自己預期的答案去從命理師口中得到解答（是不是，對不對，有沒有），或者是我們在思考上已經習慣了制式的答案，習慣A等於B這樣單一的思路，但卻沒有想過，要怎樣才算外遇？是老公跟女性友人吃飯就算，還是要上床才算？要怎樣才算能生（或不能生）？不能生是因為老公無能，不能跟妳生？還是妳天生體質無法生？或者是只能是自己的ＤＮＡ，借用的不算數，所以人工的不行呢？

這其實會衍生兩個問題，首先會讓我們回到死背的學習習慣，但是依照紫微斗數的排列組合，至少可以產生出數億種答案，所以根本背不完。而且人生問題的答案往往都不是非黑即白，所以在學習過程中會讓人感受到巨大的挫折，明明使用這本書上介紹的結婚跡象看盤法，在Ａ的盤看有，但是看Ｂ的盤卻錯了，所以讓人想知道更多流派和更多老師的看法，卻仍然都看錯，這是因為無論看了多少老師的著作，如果不是自己學會思考邏輯，那都只是背答案而已。再者，既然學習的過程是一種自我的成長，那就需要有個方式可以讓自己看盤越多，越能夠累積經驗，所以到了這個階段有個重要觀念是——我們需要學會用現實的、實際的情況去理解命盤的狀態。例如你認為外遇的定義是只要老公跟老婆以外的人吃飯就算，或者你認為要上床才算外遇，這時候命盤呈現的情況會完全不同，從吃飯，有好感，到約會，到牽手，到上床，會有一個過程，每個過程在命盤中呈現的跡象都不同。這是許多學習者與命理師很難理解也無法突破的障礙。在初學的階段，我們至少要注意兩個原則：

1. 時間原則，決定事件發生的強度與發生的時間

任何事件的發生都需要時間的推演，而時間與事件的關係上有個很重要的觀念：大限沒有的事情，流年不會發生；流年沒有的事情，流月不會發生。因此，事件的產生，可以依照時間去推算其形成狀態，例如流月出現離婚跡象，但是流年沒有，大限沒有，那麼這就不會構成離婚跡象。因為正常情況來說，離婚是一件大事，至少會有十年影響。同樣地，如果流年出現車禍血光跡象，但是大限沒有，那麼這個血光大概也不會太嚴重，因為如果嚴重到會影響好幾年，這在大限就會看到跡象，因為這個大限十年內的好幾年中你都會受到車禍的影響，既然大限看不到你受車禍影響，這就表示車禍帶給你的影響會在一年內消失，可以想見大概就是流月的影響等級，因此我們只要去看流月盤何時有車禍跡象，就可以知道車禍在哪一個月發生。

2. 事件的構成需要考慮其組成條件，條件符合才算事件發生

以車禍血光來說，我們心中認定的車禍可能是被車撞到，並且身體受傷，讓我們生活產生了不方便，這是大多數人一聽到車禍或所謂的車關，心中會浮現的情況。可是如果現實生活中我們只是被一台小機車擦撞了一下，甚至只是擦撞到腳踏車，我們根本不大會受傷，這時候你還會覺得是車禍嗎？其實我相信一樣是會的，所以實際上我們對於文字的涵義，有屬於自己內心設定的版本跟現實的版本。這往往造成我們學習命理時的一些問題，因為所學習到的常常會跟實際情況不同。就像上述對於「車禍」一詞，其實我們的認定挺寬鬆的，只要是因為車子產生的交通問題都算，無論傷害大小。當然我們也可以嚴格地定義要受傷才算車禍，甚至如果是有血光，要流出血才算，瘀血就不算。這樣複雜、標準不一的定義，會是我們在學習中的痛苦點。

所以，只有一種方法能夠解決這樣的問題，就是依照現實中會出現的情況去反射在命盤上會有什麼相同的跡象，例如，車禍不會出現在家裡（至少車子撞進家裡的機率實在很低），所以需要在「家的外面」才算數，「家的外面」這樣的環境是什麼宮位呢？田宅宮的外面是子女宮，所以需要跟子女宮有關係；車禍會造成我們

的身體問題，所以需要跟疾厄宮有關係。因此依照前面提到的疊宮原理，上下宮位彼此是前因後果，那麼子女宮要跟疾厄宮重疊。

又例如，車禍通常會產生法律問題（法律問題即所謂的官非，通常指彼此的約定不被遵守，如果大家遵守規定何來車禍呢？），所以會有相關類似的星曜（文昌，天相）。車禍通常是因為自己的不小心，不小心來自於恍神、有心事（天機星，化忌或遇到陀羅、擎羊），或者是憑著自己的情緒行事（七殺，破軍），覺得自己才是對的（天相）。如果身體受傷而且見血了，那要出現屬於血的星曜（紅鸞，天喜），以及讓血跑出來的殺傷力（擎羊，鈴星）。沒有受傷的話那是自己的個性造成，也讓自己覺得當下很倒楣，所以疊放在命宮也可能會有這樣的情況。（圖四十五）

由此可見，其實我們是把現實情況組成現象的原因，對應命盤上該有的條件去做判斷，條件越多，成功的機率就越高，相對來說事件的細節也就越多。如果命盤上的條件很少，可能事件就不明顯，或者會發生但是沒有那麼嚴重。

利用這樣的方式去練習思考模式，就可以不用靠死背學命理，剛開始或許不如背口訣來得快，但是卻可以讓我們在學習中可以反覆驗證命盤跡象跟現實情況，增加自身的推論能力，可以更加靈活地解讀命盤。

圖四十五／現實與命盤對應圖表

現實中車禍的可能跡象	命盤上相對應條件
家外面	運限子女宮
跟身體是否有關係	疾厄宮或者命宮
違反約定才發生	官非星曜
衝動或者不小心	不小心或者個性衝動的星曜
是否有受傷流血	血光星曜

第三章

深度解盤技巧

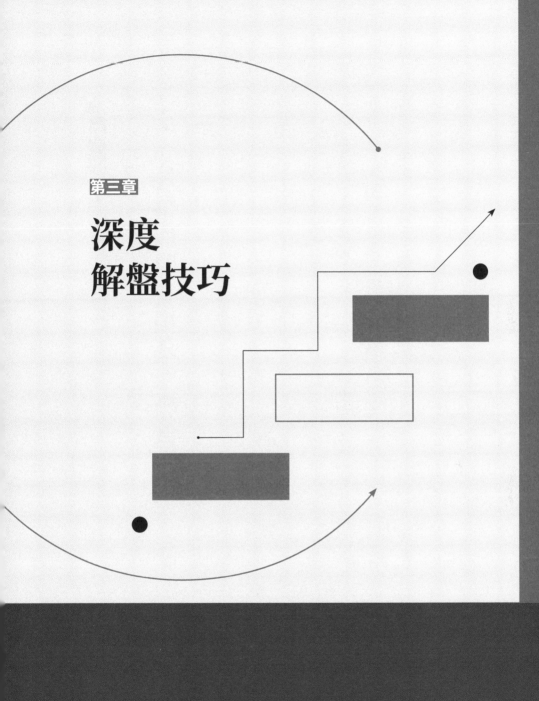

第一步

凡事都要看根基：疊宮

解盤需要知道背景原因才能知道事情如何發生，背景原因包含了本命盤天生的個性能力跟家世背景，還有當下會遇到的事情跟情緒，以及因為這些條件所做出的判斷與引發的事件。命理推論有前因後果才是深度的解盤能力，有前因才知道後果，也才知道要如何避險跟改善，這個前因後果的推論方法在原始的紫微斗數中用的就是疊宮的技巧（圖四十六）：下面的命盤時間比較長，這個命盤上的宮位會是前因，上面的命盤是時間較短，會是現象的發生，也就是後果。

圖四十六／疊宮示意圖，本命，大限，流年

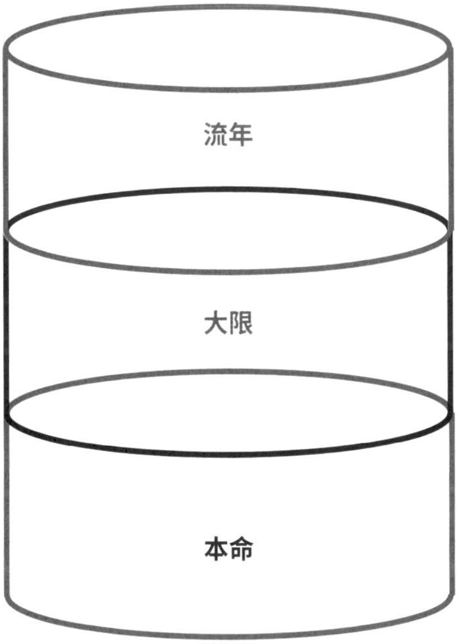

如果有個人的流年夫妻宮有武曲、擎羊，武曲化忌，我們可以說他今年可能因為金錢價值觀（武曲），跟自己的情人有爭執（夫妻宮化忌），並且因為自己的堅持所以可能要面對分手的局面（擎羊）。這是前兩章提到的基本解盤邏輯。但是為何這個人會有這樣的爭執現象呢？所疊併的宮位就會是他與情人爭執的前因。如果他的流年夫妻宮是疊在本命田宅宮，這表示他的家庭教育、家世背景讓他對於自己的財庫抱持著務實的態度（田宅宮），簡單來說就是覺得不能亂花錢；剛好本命田宅宮也是他的大限官祿宮，所以表示這樣的家庭教育讓他在工作上很務實努力，但是因為武曲化忌在官祿宮，這從大限來看是工作努力但是收入不如預期（官祿宮的務實讓自己覺得工作有空缺），所以今年他的情人如果亂花錢，當然他就覺得不好，因此吵架。這就是利用疊宮引導出來的前因後果，我們可以用此來知道一個人為何發生現象。（圖四十七）

圖四十七／本命田宅宮疊大限官祿宮疊流年夫妻宮

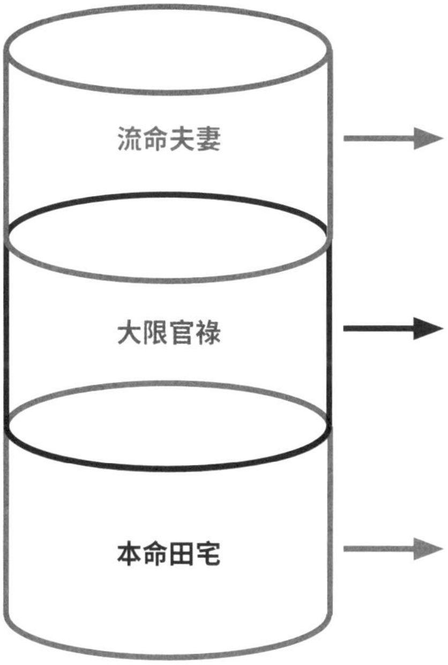

所以今年他的情人如果亂花錢，他就覺得是不好的，因此吵架。

家庭教育讓他在工作上也是很務實努力，但是因為武曲化忌在官祿宮，這從大限來看是工作努力但是收入不如預期（官祿宮的務實讓自己覺得工作有空缺）。

家庭教育家世背景讓他對於自己的財庫會有務實的態度。

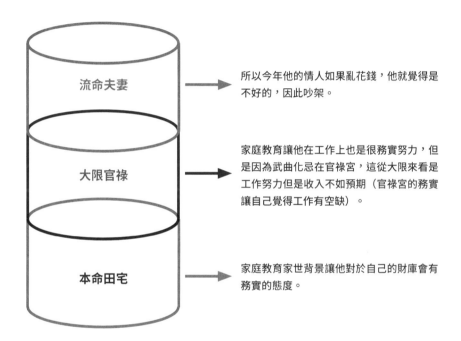

有上述的疊宮概念之後，現在讓我們延續同樣的例子，再加入更細節的分析。我們來看武曲是本命化忌還是流年產生的化忌，如果本命武曲沒有化忌，是因為流年才產生的化忌，那就是原本抱持著努力務實的態度，卻在這一年因為外界環境的改變讓他覺得好像錢不太夠了，因此才吵架。如果是生年就武曲化忌，那他重視金錢的這種價值觀就跟環境的變化無關，而是他本來就有這樣的態度價值，在這一年剛好發生在感情關係上，如果是去年，可能就發生在跟朋友的關係上（因為去年本命田宅宮可能疊到流年的僕役宮）。依此類推，我們可以利用這樣的邏輯，分析出這些命盤產生的煞星、四化，對其它命盤的影響，找出事件的前因後果。

疊宮還有另外一個不為人知的功能，就是可以篩選出星曜的解釋。這是什麼意思呢？我們已經知道星曜的解釋必然對應宮位，所以貪狼只有在命宮（自己個性）、遷移宮（外人對自己的看法）、夫妻宮（對異性的態度）、子女宮（性生活），才可以被視為桃花跟異性關係，在其它的宮位則不能這樣解釋，例如貪狼在僕役宮可以說是異性朋友多，但是那是因為他喜歡交朋友，自然異性朋友就容易多，但並非他只跟異性做朋友，所以是否能夠直接將貪狼視為所謂的桃花和異性關係，其實不能那麼地直接。這也是為何一直強調要對應宮位的涵義去解釋星曜，才不會出現像某些書籍把福德宮有貪狼也解釋成很花心，這頂多是期盼自己的靈魂跟內心可以被了解，這或許是一種發揮感情能力的展現（畢竟福德宮在夫妻宮的三方四正內），但是說是桃花或花心，太過於武斷了。

問題來了，好吧，我們就依照宮位解釋星曜的意思，可是宮位也有許多的涵義啊，例如兄弟宮可以是同性別兄弟姊妹，也可以是母親，這到底該解釋誰呢？田宅宮可以被視為是財庫、居家環境、跟家人的關係還有合夥關係，又該用哪一個涵義來解釋呢？例如我在田宅宮內有個巨門（內心不安希望好好溝通）和擎羊（但是就是希望人家要聽我的，很固執），於是往往容易吵架，好吧就吵架吧，但是到底是跟誰吵架呢？是家人還是合夥人？還是鄰居（居家環境）？其實我們可以從這個問題發現，至少不會是跟財庫吵架，但是有可能是破財，那問題又來了，到底是吵架還是破財？這時候疊宮就很重要了，透過疊宮，我們能知道前因後果，就可以知道到底是哪個事情要發生，也就可以知道要引用田宅宮的哪一個涵義。

首先看是哪一張命盤的田宅宮，如果這是現象的發生，應該是時間短的田宅宮，所以先設定是流年田宅宮。如果下面疊的宮位是兄弟宮，這跟兄弟或母親有關係，所以是跟家人吵架；如果下面的宮位是官祿宮，而且自己有與人合夥做生意，這是跟合夥有關係的事，如果沒有做生意也沒有合夥關係，這會是因為工作而破財；如果下面的宮位是財帛宮，那可能是因為理財投資產生破財。所以我們可以用疊宮去分析出到底要用宮位的哪一個涵義來解釋。我們用交集合的圖來表示，兩個圓彼此交集的地方就是解釋，三個圓交集的地方就可以更細節地去篩選出宮位內真正的涵義。（圖四十八、四十九）

利用圖四十八兩個宮位的交集概念，我們來試著梳理出解釋的方法。

假設本命財帛宮疊流年僕役宮，宮位內有廉貞貪狼。

廉貞貪狼的特質與意思：理性（廉貞）並且會找到更多更好的方式（貪狼）。

本命財帛宮涵義：用錢的能力、態度、方式、習慣，賺錢的能力，財務的能力。

↓放入廉貞貪狼的意思。

流年僕役宮涵義：不同性別兄弟姊妹，跟朋友的關係，認識什麼樣的朋友。

↓放入廉貞貪狼的意思。

交集：因為自己理財和使用金錢的方式，影響了與朋友的關係。所以要怎麼交朋友。

↓放入廉貞貪狼的意思。

圖四十八／兩個圓，本命／流年，廉貞貪狼

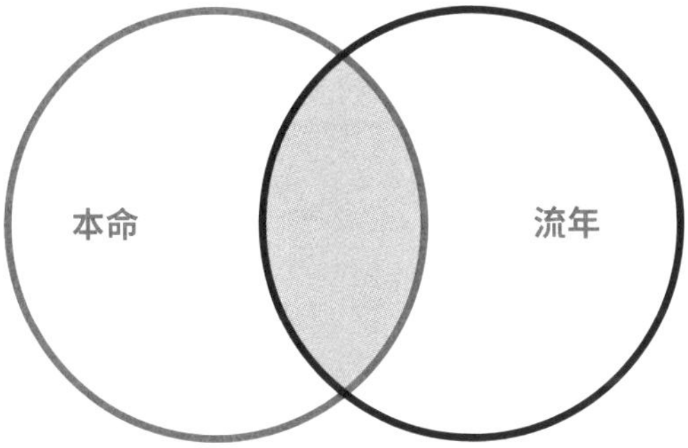

廉貞貪狼：理性（廉貞），並且會找到更多更好的方式（貪狼）。

本命財帛宮涵義：用錢的能力、態度、方式、習慣，賺錢的能力，財務的能力。

流年僕役宮涵義：不同性別兄弟姊妹，跟朋友的關係，認識什麼樣的朋友。

交集合：因為自己的理財跟金錢使用影響了與朋友的關係，所以要怎麼交朋友（放入廉貞貪狼的意思）。

利用圖四十九三個宮位的交集概念，我們來試著梳理出解釋的方法。

假設本命財帛宮疊大限官祿宮疊流年僕役宮，宮位內有廉貞貪狼。

廉貞貪狼的特質與意思：理性（廉貞），並且會找到更多更好的方式（貪狼）。

本命財帛宮涵義：用錢的能力、態度、方式、習慣，賺錢的能力，財務的能力。

↓放入廉貞貪狼的意思。

大限官祿宮涵義：生活重心，工作展現，感情對外的展現。

↓放入廉貞貪狼的意思。

流年僕役宮涵義：不同性別兄弟姊妹，跟朋友的關係，認識什麼樣的朋友。

↓放入廉貞貪狼的意思。

交集：因為自己理財和使用金錢的方式，影響了生活重心和工作上的展現，進而影響了與朋友的關係。所以要怎麼交朋友。

↓放入廉貞貪狼的意思。

用實際情況對應命盤，透過疊併宮位的方式，我們就可以篩選出各宮位唯一可以交集的涵義，讓星曜有更精確的解釋。如果現實中母親跟自己同住，那麼我們就可以知道田宅宮跟兄弟宮疊併說的就可能是母親。但是如果母親跟兄弟都跟自己同住，則兩者都有可能，這時候就建議乾脆拿兩個人的盤來看。

圖四十九／三個圓。本命／大限／流年

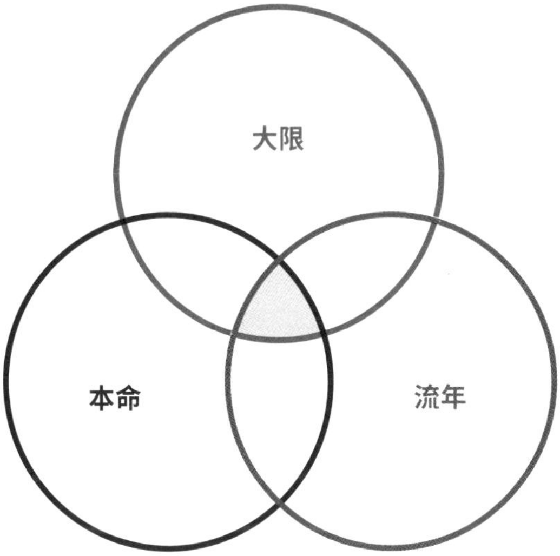

廉貞貪狼：理性（廉貞），並且會找到更多更好的方式（貪狼）。

本命財帛宮涵義：用錢的能力、態度、方式、習慣，賺錢的能力，財務的能力。
放入廉貞貪狼的解釋

大限官祿宮涵義：生活重心，工作展現，感情對外的展現。
放入廉貞貪狼的解釋。

流年僕役宮涵義：不同性別兄弟姊妹，跟朋友的關係，認識什麼樣的朋友。
放入廉貞貪狼的意思。

交集合：因為自己的理財跟金錢使用，以及生活重心比如工作上的展現，影響了與朋友的關係。所以要怎麼交朋友（放入廉貞貪狼的意思）。

Q1 疊宮一次疊三個盤好難喔，該怎麼辦？

一次疊三個一定很難，我們會不適應，是因為華人的學習習慣所導致，思考的訓練如同運動，要從簡單的動作開始。

剛開始要先習慣對應宮位來解釋星曜（第一、二章），然後加上宮位的疊併解釋。先練習疊兩張盤，而且建議從本命疊流年或者本命疊大限開始，一切都從本命盤開始，因為那是一個人的基本價值。試著去解釋流年或大限跟本命的宮位相疊後該有什麼交集，對應星曜該怎麼解釋。剛開始無法聯想的時候，先試著把兩張盤的解釋分別寫下來，然後自己連連看兩者有何關聯性，慢慢找，熟練之後再加入第三張盤。

練習的時候只要一不知道如何解釋，就要退回到原點，開始從基本的宮位涵義↓星曜涵義↓星曜放在宮內的涵義，一步步地解釋，直到熟練，並且拿自己熟悉的盤去練習，才會有貼近真實的答案（避免有人對自己有錯誤認知），去核對自己的解釋是否吻合事實。過程中不要上網找答案，因為這通常會讓自己回到背答案的陷阱裡面。

或許剛開始你會覺得學得很慢，但是當你可以推演出答案的時候，那個成就感會相當讓人感動，你會覺得自己是真的掌握了命理學，而不是如同大多數人無論背了多少書，心裡總有一分空虛，因為他們會怕只要遇到沒看過的盤，就不知道該怎麼解釋了。而且，你能做到這一步其實已經比很多開業命理師還要厲害了，紫微斗數圈有許多命理師（包含所謂的電視名師）幾乎無法應用與解釋疊宮，這實在是很可惜的事情。

Q2 下面宮位是原因，上面宮位是發生的狀況，但是又說本命盤父母宮可以直接看父親的狀況，到底哪一個才是發生的狀況呢？

父母宮是一個特殊的存在。本命盤上十二宮的父母宮、兄弟宮代表了父親與母親，但是因為父親母親比我們早出生，所以當我們的命盤產生的時候（出生的時候），父母親早已經存在，已經是一個實際的人，就好比我們不會一出生就牽著老婆，所以本命盤夫妻宮只能說是感情態度。也因此在許多時候父母宮可以用來討論命主小時候的父親的情況。

所以，本命盤父母宮也可以被當成是現象來討論，這個現象會是向上影響上面宮位的原因，例如小時候父親創業成功或者離婚的現象，會影響了父親跟我們的關係與親子教育。這是本命宮位產生的現象，疊併到我們某大限的夫妻宮，或許就會因此影響我們這個十年的感情態度，以及跟另一半的感情處理方式，所以這時候的父母宮雖然是原因，但是一樣可以是現象。這樣的概念常發生於大限命盤跟流年盤的疊併，因為大限命盤不只是代表態度、價值觀，也會代表現象。

Q3——宮位疊併之後，星曜四化或是煞星也會疊併嗎？

沒錯，都要疊在一起用。我們可以因此知道這個煞星是大限出現的，所以是這個大限的態度價值觀產生的煞星在影響我們；或者這是流年出現的煞星，疊在我的本命盤某宮位，所以是今年的環境讓我有這樣的情緒，影響了我本命的天生價值觀。

Q4

何時要疊流年？何時要疊小限？

流年跟小限都是以年為單位的命盤，前面提到當今因為越短的時間，人會越受環境影響，所以絕大多數用流年盤，但是因為時間轉換越來越快，人心也更加容易在短時間內變動，因此小限盤也越來越重要。在初學練習的時候，建議從流年盤開始，因為跡象會較為清楚，至於小限可以用來看命主當下的態度跟想法，還有他自己怎麼做決定。簡單來說，如果流年盤看到外遇跡象，但小限盤沒有或是不明顯，那就是環境給予了機會，但是自己並沒有很想，反之亦然。至於如果流年和小限盤都有跡象，那就是環境給機會、自己也想要。

第二步

馬上看出今年的人生問題在哪：引動宮位

初學者在學習解盤的時候，容易陷入一個因為資訊量巨大而難以分辨的情況，雖然前面提到許多分析方法，不過即使熟練前面的方式，還是容易因為命盤上各類的煞星而慌張。有經驗的老手看到命盤時，會直接說出命主當下想問的事情、命主的問題點，所關心的事情，這是因為有足夠的經驗所以能夠判斷命盤上各類訊息的輕重緩急。

從學理上來說，命盤有出現的訊息就應該要發生，但是「事件的發生」跟「對命主有影響」卻是兩回事。例如你正在忙於工作，但是你老公覺得你冷落了他而心生不滿，只是他為了男人的尊嚴，不敢明目張膽跟你吵架，所以你也忽視了，但是他的不滿依然是存在的，只是你不會在乎。命盤上也有許多這類的情況，訊息都在卻不見得讓你有感覺，所以不見得會讓你在乎這件事情。這時候要如何分辨哪些是會影響我們生命的事情？哪些是被我們忽略的？哪些是我們忽略了也沒關係、不會影響我們的？對此掌握得好的老師能馬上抓到你在乎的事情，所以才可以說出你當下想問的問題。這也可以幫助我們先過濾掉相對來說排序比較後面的問題，專注於眼前比較受關注跟影響自己比較大的事情上。

該如何掌握命盤訊息的優先次第和輕重緩急呢？這裡介紹的方式是「引動宮位」。宮位會因為宮位內的星曜而產生變動，或者說我們的價值觀會變動，那自然是因為發生了會改變價值觀的事情，所以當宮位產生了變動，勢必也表示這個宮位代表的事情或價值態度，讓我們覺得人生有了變化，這也表示這是我們會比較受到影響跟注意的事情。因此，宮位有被引動所產生的事件，就會是我們在意或關心的事情。

舉例來說，當我們在看疾厄宮是否生病的時候，往往是身體的狀態會讓我們覺得自己生病了，這必然不會只是一點點的小咳嗽，或者是一點點的喘不過氣，一點點的肝指數比別人高，而是這個身體的問題已經對生活造成影響，人才會覺得我生病了、我該去買藥或看醫生。就命盤來說，如果只是疾厄宮有個煞星跟貪狼放在一起（貪狼代表肝跟腎），頂多是最近肝不好。但是，有許多人肝指數很高，卻照常熬夜、上班，除了臉很黑眼睛很黃之外，人生往往也沒有什麼變化跟影響，這就是宮位沒有被引動，也就是宮位沒有受宮位內星曜的影響到產生變化。甚至可以說在宮位沒有引動的情形下，即便有煞星也不會有太大的傷害。

命盤由十二宮組成，宮位好好的沒有變化，我們的人生當然也就沒有變化，或者說沒有讓我們感受到自己的人生有變化。不過這並非我們的肝沒問題，只是當下我們不會去在意這件事。因此利用引動宮位就可以找出目前正在影響我們的現象，以及我們需要注意的事情。

★引動宮位的尋找方法

依照前面提到的引動宮位的原理，就可以知道，宮位被引動不外乎是你在當下會在乎，以及有足夠的情緒波動，進而影響你做出改變現狀的判斷，或者考慮做出判斷，因此引動宮位的基本找法也是這樣建立出來的——疊併的宮位、煞忌多的宮位。以下面介紹幾種找法（圖五十）：

圖五十／引動宮位

兄弟 巳	命宮 午	父母 未	福德 申
夫妻 辰	**一、大限命宮疊在本命的某一個宮位**		田宅 大限命宮 酉
子女 卯			官祿 戌
財帛 寅	疾厄 丑	遷移 子	僕役 亥

兄弟 巳	命宮 午	父母 未	福德 申
夫妻 辰	**二、流年命宮疊在本命的某個宮位**		田宅 酉
子女 卯			官祿 戌
財帛 流年命宮 寅	疾厄 丑	遷移 子	僕役 亥

兄弟 大限陀羅 流年陀羅 巳	命宮 午	父母 未	福德 申
夫妻 辰	**五、雙陀所在的宮位**		田宅 酉
子女 卯			官祿 戌
財帛 寅	疾厄 丑	遷移 子	僕役 亥

兄弟 巳	命宮 午	父母 未	福德 申
夫妻 辰	**三、小限命宮疊在本命的某個宮位**		田宅 酉
子女 卯			官祿 戌
財帛 寅	疾厄 小限命宮 丑	遷移 子	僕役 亥

兄弟 巳	命宮 午	父母 未	福德 申
夫妻 辰	**六、雙忌所在的宮位**		田宅 酉
子女 卯			官祿 戌
財帛 寅	疾厄 丑	遷移 大限化忌 流年化忌 子	僕役 亥

兄弟 巳	命宮 午	父母 大限擎羊 流年擎羊 未	福德 申
夫妻 辰	**四、雙羊（兩個擎羊）所在的宮位**		田宅 酉
子女 卯			官祿 戌
財帛 寅	疾厄 丑	遷移 子	僕役 亥

1. 大限命宮疊在本命的某一個宮位，則那個被疊的本命宮位被引動。

2. 流年命宮疊在本命的某一個宮位，則那個被疊的本命宮位被引動。

3. 小限命宮疊在本命的某一個宮位，則那個被疊的本命宮位被引動。

4. 雙羊（兩個擎羊）所在的宮位，例如夫妻宮有兩隻羊。或是夫妻宮跟對宮各有一隻羊，這表示夫官兩個宮位被引動。

5. 雙陀所在的宮位（兩個陀羅，觀念同第4項）。

6. 雙忌所在的宮位（有兩顆星曜化忌）。

★從被引動的宮位及對宮（附屬宮位），看出問題點

前面提到，十二宮是連動的，人不會單獨存在，所以人生任何事情都是彼此相關，透過這樣的觀念我們可以分析出到底是什麼宮位出問題。例如感情出問題高機率地會影響工作（夫妻宮與官祿宮）；工作出問題（官祿宮）會影響金錢收入（財帛宮）；收入的多寡（財帛宮）會影響自己存錢的能力（田宅宮）……。因此透過

前面六組引動宮位的條件去找出六個被引動的宮位，再將六個結果交叉比對就可以得到哪個宮位出問題。例如六個宮位裡面，有三個官祿宮、兩個財帛宮、一個命宮，那麼這應該是要討論工作問題。如果是兩個官祿宮、兩個財帛宮，這可能就是要討論工作跟金錢的關係。或者兩個官祿宮、一個命宮、三個夫妻宮，這應該是要討論工作跟感情的問題。

簡單來說就是用被引動的六個宮位，以及這六個宮位的對宮去看兩件事情：一是哪個宮位占比最高，該宮位應該就會有事情發生，然後再看命盤上面當下運限盤的相關宮位，例如官祿宮佔了三個，我們就看流年官祿宮，因為這通常就表示流年官祿宮有問題發生了。二是看這些宮位彼此之間有沒有關係，藉以分辨是哪一方面的事情。因為一個宮位往往會有超過四個以上的解釋（例如子女宮在本命可以被視為財庫、教養觀念、居家外面的環境、性生活的態度跟想法），但是宮位不會單獨發生事情，像是離婚可能連帶地要破財，失去工作也可能要破財，所以如果是財帛宮為主，但是夫妻宮出問題，田宅宮也出問題，這可能是因為離婚產生的破財，而不是因為工作，因為這表示我們要看的跡象跟錢財、感情、家庭有關係。透過這樣的方式就可以篩選出可能的跡象以及相關的宮位，我們就可以把判斷的目標清楚地鎖定在當下相對應的宮位，更容易找到事情的跡象，而不是如同大海撈針，看著每個宮位好像都有事情要發生一樣。

★引動宮位使用示範（圖五十一）

大限疊本命夫妻宮：夫妻宮為主，官祿宮為附
小限疊本命官祿宮：官祿宮為主，夫妻宮為附
流年疊本命夫妻宮：夫妻宮為主，官祿宮為附
雙羊在本命子女宮和田宅宮：子女宮、田宅宮都有引動
雙陀在本命父母宮和疾厄宮：父母宮、疾厄宮都有引動
雙忌在本命財帛宮：財帛宮為主，福德宮為附

總結後的基本解釋：感情跟家庭出問題，並且造成工作受影響，也可能破財。

（此時看流年夫妻宮如果有離婚跡象就會是離婚的問題。如果宮位沒有被引動，即使流年夫妻宮有離婚跡象也不見得會離婚。）

圖五十一／引動宮位使用案例

夫妻
大限命宮
流年命宮
巳
兄弟
午
命宮
未
父母
陀羅
申
子女
擎羊
辰
感情跟家庭有問題，並且造成工作影響也可能破財。此時看流年夫妻宮如果有離婚跡象就會是因為要離婚。如果宮位沒有被引動，即使流年夫妻宮有離婚跡象也不見得會離婚。
福德
酉
財帛
雙忌
卯
田宅
擎羊
戌
疾厄
陀羅
寅
遷移
丑
僕役
子
官祿
小限命宮
亥

Q1 兩個擎羊同宮會引動宮位，那一個羊一個陀也會嗎？

前面提到了引動宮位的兩個原理，一個是因為這個事情讓你在乎、影響你（宮位疊併），另一個是煞星或化忌在影響你對這個事情的想法態度（兩個煞星或兩個化忌），所以最明顯的當然是同樣的煞星在同一個宮位裡面，或者至少在主要宮位跟對面宮位。在這樣的理論下，若不同的煞星在相互的對面宮位，也算引動嗎？坦白說若用較寬鬆的標準來看，是有符合引動宮位的原則，只是程度上的差異而已。所以如果沒有雙羊、雙陀，有時候也可以把羊陀同宮，或者各自在對面的宮位算進去，甚至是陀羅跟火星放在一起也可以算，或者化忌跟煞星放在一起也可以算，只是這樣的組合可能跡象就沒有那麼地明確。

Q2
兩個忌會引動宮位，那一個煞星一個忌也會嗎？

承上題，找引動宮位的目的是讓我們找到較為明確的跡象（問題點），當然這跡象也要有足夠的力量才能讓命主有明確的感受。一個煞星一個忌同宮，雖然可以算引動宮位，但是可能跡象並不明確，或者說宮位內一樣會有跡象與事情的發生、心情的轉換，只是命主的感受可能並不明顯。

其實引動宮位的用法可以說是初學者的好朋友，這個用法不是每個流派都用，或者如果已經對紫微斗數很熟練，其實也不需要使用，我自己在解盤就不會使用，因為如同前面提到的，命盤上充滿了一個人人生的大小訊息，問題是有的事情即使發生了，對於命主來說也是無感的，也就是說這時候命盤上依然會有訊息，但是對命主卻微不足道。我們在初學的時候很難從這些海量的訊息中去分辨哪些是命主會受影響的，哪些不是；也很難分辨之所以不受影響是因為命主不在乎還是事情不大，這是初學者剛開始解盤會感到相當痛苦的問題。

因此，利用引動宮位的原理去找出問題點，就是一個讓自己抓到問題的好方法，也是一個熟稔命盤的方式，但是當你對星曜與宮位的特性熟練到一個程度之後，就能夠直接判斷了，所以我在面對客人諮詢的時候不會使用，但是這是初學者很好用的練習方式。

Q3 引動宮位是否一定會有不好的事情？

不一定，有時候人生就是需要一個煞星來給自己奮力一搏的動力。

Q4 為何引動宮位沒有雙祿？

如同上一題，許多人會覺得為何都只看不好的事情？為何總是看十二宮哪個宮位最差？看化忌的位置、陀羅的位置、看雙羊雙忌的位置，為何不看雙祿，看一些讓人快樂的事情呢？其實當然也可以看看好事情，但是通常人來算命不就是為了趨吉避凶嗎？應該很少人中了樂透發了大財然後來算命的吧？所以初學者可以先從發現問題開始。

Q5 不看引動宮位就無法解盤嗎？

當然不是，引動宮位只是把幾個容易讓宮位產生變化的方式組合在一起，方便我們馬上抓到問題，是一個對於新手來說很容易上手的技巧。

★ 新手村通關小測驗 ★

小明今年因為感情破財，影響工作，請問下面三組引動宮位，哪一組最有可能？（圖五十二）

答案／

A 選項。（圖五十三）

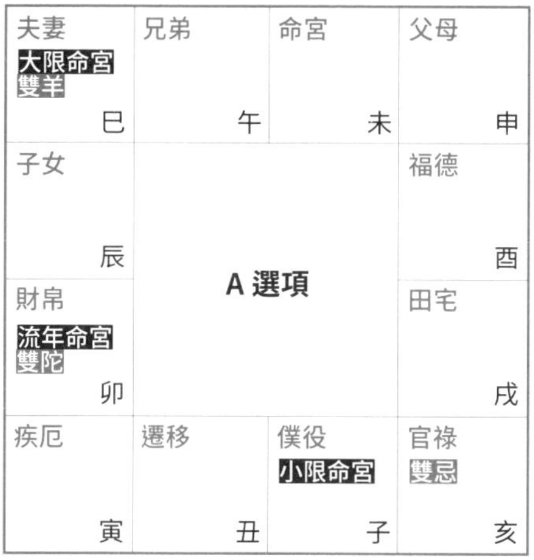

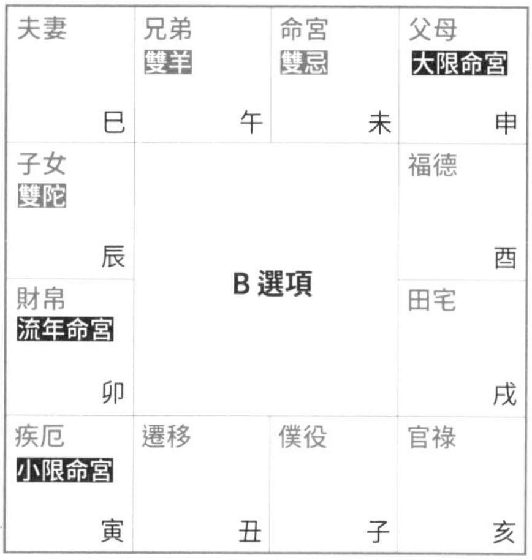

圖五十二／小明今年因為感情破財影響工作，請問引動宮位哪一組最有可能？

圖五十三／小明今年因為感情破財影響工作，請問引動宮位哪一組最有可能，答案【A 選項】

夫妻 大限命宮 雙羊 巳	兄弟 午	命宮 未	父母 申
子女 辰	**A 選項**		福德 酉
財帛 流年命宮 雙陀 卯			田宅 戌
疾厄 寅	遷移 丑	僕役 小限命宮 子	官祿 雙忌 亥

大限命宮：夫妻、官祿
流年命宮：財帛、福德
小限命宮：僕役、兄弟
雙羊：夫妻、官祿
雙陀：財帛、福德
雙忌：官祿、夫妻

彙集於感情、財務、工作

夫妻 巳	兄弟 雙羊 午	命宮 雙忌 未	父母 大限命宮 申
子女 雙陀 辰	**B 選項**		福德 酉
財帛 流年命宮 卯			田宅 戌
疾厄 小限命宮 寅	遷移 丑	僕役 子	官祿 亥

大限命宮：父母、疾厄
流年命宮：財帛、福德
小限命宮：疾厄、父母
雙羊：兄弟、僕役
雙陀：子女、田宅
雙忌：命宮、遷移

彙集於家人、自己身體

夫妻 巳	兄弟 午	命宮 未	父母 申
子女 雙羊 辰	**C 選項**		福德 酉
財帛 流年命宮 卯			田宅 大限命宮 戌
疾厄 雙陀 寅	遷移 小限命宮 丑	僕役 雙忌 子	官祿 亥

大限命宮：田宅、子女
流年命宮：財帛、福德
小限命宮：遷移、命宮
雙羊：子女、田宅
雙陀：疾厄、父母
雙忌：僕役、兄弟

彙集於財庫、朋友、外出

第三步

各宮位的深度學習：用實際生活問題看命盤

傳統上學習各宮位的解釋，都會給大家一個資料庫，例如破軍在夫妻宮容易二婚，但是這樣的背誦法容易背了一堆資料卻仍然準度不高。究其原因，破軍在本命夫妻宮容易二婚（結婚、離婚，然後再結婚），其實是因為這個人天生（本命盤）對於感情（夫妻宮）有許多夢想跟浪漫的期待，並且願意為了追求夢想打破規則（破軍），但是人的感情往往會隨著時間而改變，一旦你變了但是對方沒變，你可能就覺得對方不再適合自己了，所以才有容易離婚、建議晚婚的說法，透過年紀的增長，希望你可以等心態穩定一點再結婚（或者年紀大了，心力體力有限，不敢再有夢想）。

但是話說回來，如果剛好命主遇到了一個跟他一樣個性的人，而且隨著時間推移，兩個人也一直符合對方的需求，那也不用換人了不是嗎？又或者這個女生來算命的時候明明跟老公感情很好，你卻這樣告訴她，不就讓他們反而開始懷疑起彼此的感情，剛好種下離婚的種子。所以在前面的章節中，我建議大家應該是就星曜對應宮位去推演出涵義，而不是背誦一種武斷的答案。這除了避免我們會有背不完的資料庫之外，更重要的是這樣的思維模式才能讓我們在複雜的解盤中找到問題的原因，甚至是改運。

承續這樣的思維，在解釋現象的發生時，也需要用推理的方式。前面提過，學習各宮位要發生的事情時，需要將現實生活的情況回推到命盤，對應命盤上的跡象和事情，唯有用這樣的思維去學習，才能避免：

1. 給出過於武斷的答案，而且還面臨一輩子背不完的資料庫。
2. 無法解釋複雜的現象。舉例來說，有的人離婚之後仍然跟老公住在一起（為了孩子、為了省房租，有各種原因），甚至偶爾還會發生關係（畢竟是個熟悉的人），那麼這時候他們到底算不算離婚呢？人生有各種複雜的情況，甚至有許多情況是命理師自己沒聽過、沒經驗過的。

3. 無法找出問題的組成原因，無法解決問題。例如常見的羊陀夾忌在流年夫妻宮，這是可能會離婚的，但是這可以是擎羊陀羅化忌都在夫妻宮；也可以是擎羊在夫妻宮，化忌在官祿宮，陀羅在福德宮；也可以是陀羅在夫妻宮，擎羊在遷移宮，化忌在福德宮等各式各樣的組合。如果我們知道組成原因為何，就可以知道是否有機會去解決問題拯救婚姻，如果只是背誦那就是知其然不知其所以然，無法解決問題。

★以離婚、換工作、外遇問題為例

在學習現象的發生時，我們可以掌握一些原則，透過這些原則就可以讓自己在面對各類現象時，比較清楚知道要檢查哪些宮位，並且透過交叉比對知道現象發生到哪個程度。命理學就如同氣象和醫學，醫學透過檢查到你的身體訊息，然後依照經驗去判斷這樣的訊息累積起來會成為身體哪個部位的問題，更進一步知道病況在哪個階段。氣象局也是透過資訊去推演天氣的變化，但是任何的推測其實都是機率而已，並不可能推測到百分之百，只是因為有足夠的條件分析之後，可能會出現的機率高達九成以上，這時候我們就會覺得是百分之百了，但是這都只是機率高而不是一定會發生，如果一定會發生，那麼改運就不存在了。

因此，我們需要先習慣從現實生活中去理解每個事件可能會有的跡象，而不是先去看命盤的訊息。舉例來說，對於離婚我們會先想到什麼呢？感情破裂？分離？破財？（因為要贍養費）官非？（因為約定被破壞了）外遇？（這個不一定會有，這頂多是離婚的原因）如果離婚大致上有以上幾個條件，那我們就可以看相對應的宮位，例如：

◆ **感情破裂**：感情是夫妻宮，破裂的話表示裡面應該有煞星，而且因為離婚是一個現象，所以這應該是發生在運限盤的夫妻宮。

◆ **分離**：這個條件搭配上述的感情破裂，以及可能會需要搬家，所以可以被視為宮位有變動，這個宮位可能是感情也可能是家庭，所以夫妻宮、田宅宮都有可能。

◆ **官非**：官非聽起來很可怕，但是其實約定被破壞了就算官非，所以離婚需要有官非的跡象在宮位裡面，否則只有前兩項的條件也可能是與情人分手。

◆ **破財**：這就不一定是必要條件了，有人付贍養費，就有人拿贍養費，所以不見得是破財，但是若可以知道自己離婚的時候到底是拿錢的還是收錢的，付錢的就會出現破財（子女宮田宅宮的財庫位置出現破損，財庫破了），拿錢的就會出現收錢的跡象（子女宮田宅宮有化祿、祿存，財庫有錢進來，尤其是天梁化祿，老天送了一筆錢）。依此類推，有離婚跡象但是財庫宮位卻沒有化祿，這就表示離婚拿不到贍養費。

用這樣的推論方式就可以讓我們在學習中融會貫通，而不是習慣每個問題都要有標準答案，命盤一定是對應真實生命，所以要用真實的生命狀況去找命盤的跡象，慢慢地就可以累積出經驗。

又例如，換工作這個簡單的議題，你可以聯想到的真實狀況可能是公司不要你了，你只好倉促先找一個可以糊口的工作；也可能是你不要公司了，想先休息一段時間再說；也可能是你被挖角了跳槽去其它公司，這些情況在命盤顯示都會不同。首先，我們來聯想「換工作」這件事，既然換了，那就表示原本的工作沒有了，這就像老婆沒有了一樣，是一種破損跟改變，只是這是在官祿宮，在這個基本架構下再去想各種情境會怎麼呈現於命盤上，例如：

◆ **被公司辭退**：公司不要你，可能會直接影響你的收入狀況，所以財帛宮或田宅宮可能會出現問題（財帛宮是用錢的能力跟態度，用錢不方便了。田宅宮是存錢的財庫宮位，現在無法存錢了，甚至可能還得把財庫內的錢拿出來支持生活開銷）。當然也可能有進財的跡象，因為拿到資遣費。

◆ **跳槽高升**：原本的工作沒有了，但是同步地帶來另一份升官的工作（化科，高升之後有更好的名聲；化權，跳槽後在工作上掌握更多權力；化祿，跳槽後加薪）。

因此，如果只有官祿宮有煞忌有破壞，但是同時間財帛宮有問題、田宅宮有問題（沒有收入也沒辦法好好存錢），並且有官非跡象（最後還有公司違反了跟你的約定），那麼這大概就是被辭退。換言之，如果多出了化科、化權，這通常就會是離開一個公司又有升官跡象，當然就是被挖角了。

我們可以透過這樣的方式去聯想各式各樣的問題，例如，外遇該有什麼跡象？可以先想什麼是外遇，老公跟女同事上床這應該沒人會有異議（法律上性器官交合就算侵犯配偶權），但是如果只是一起唱歌喝酒這樣算嗎？如果唱歌喝酒還牽手算嗎？如果是老公的一夜情算嗎？如果一夜情算，那上酒店為了生意應酬，逢場作戲上的床算嗎？所以我們可以想想怎樣才算數，然後就可以依照這個條件去推演在命盤上會出現的跡象。

◆ **如果確實有交往對象**：這可能是生命中多了一個人出現，這時候命盤會出現代表人的右弼，也可能是太陰化權（太陰是女生，化權表示兩個）。

◆ **如果只是逢場作戲，沒有明確的人出現**：這時候可能桃花夠多就算了，即命盤上有桃花星並且化祿（因為桃花產生的「多出來的、本來不存在的」感情）。

◆ **如果同時還有前面提到的離婚跡象**：表示這個外遇會危及婚姻。但是如果整年度的流年運限盤沒有跡象，跡象只存在於流月盤流日盤，這表示事件只發生在日跟月的等級，那麼逢場作戲的機會更大，畢竟不長久。

◆ 值得一提的是，如果老公個性木訥，感情態度保守（命宮、夫妻宮都沒有桃花星），那麼一個巴掌拍不響，即使有人靠近跟追求，他大概也不大會燃起熊熊的愛火。

透過這樣的推敲學習，我們不只不用死背，還可以學到如何分析事情的狀況，例如雖然命盤有外遇跡象，但是只有一個月，這或許就不用擔心；有外遇跡象但是老公木訥，可能也不用擔心；有外遇跡象，而且老公已經覺得生命中多了一個人（太陰化權、右弼），這可能就需要擔心了。我們能以此分析出整體局勢，然後來確定自己是否該去抓姦還是吵架，例如自己命盤上有離婚跡象，老公也有，而且老公今年會賺大錢，財帛宮有化祿，田宅宮也有，而這個外遇跡象只是出現在一個月內，甚至只有今年，這時候還要抓嗎？抓了剛好離婚，老公賺的錢讓那個狐狸精去分，多不划算呀！

★與疊宮綜合應用

這裡提到的相關宮位，除了在同一張盤上之外，其實也可以用疊宮的角度去看。既然疊宮說的是前因後果，利用命盤上下疊併代表底層的原因跟表面上發生的事情，所以彼此疊併的宮位是有關聯的，因此能夠分析出宮位真正的涵義，也可以用來判斷到底發生什麼現象。例如，我們認知中的家暴，有幾個重點：在家裡發生、跟感情有關係、為了要掌握對方所以施予暴力，那麼首先我們可以知道這一定是出現在田宅宮。在家中要掌握權力而且有暴力衝突，這是在家裡的行為表現，所以是星曜要展現的，什麼星曜會有這樣的情況呢？七殺有可能，因為對宮是天府，有掌握的特質，但是為何不是天府呢？因為天府是務實而穩定，而七殺是堅持並希望可以掌握。田宅宮的星曜是與家人的關係以及希望在家中表現的樣子，七殺單獨存在的時候，對宮有廉府，紫府，武府三種，一個重視人際關係，一個重視面子，一個重視金錢，相對來說除非有更多的煞星否則比較難有家暴的態度。七殺也會跟其它星曜成為雙星，有武曲七殺，重視實際的經濟價值，一般來說比較不會家暴，太傷錢了；廉貞七殺，重視自己的人際價值跟內心的想法；紫微七殺，為了維護自己的面子可以堅持到底，而要產生暴力行為還需要足夠的衝動，所以需要加上火星或擎羊，一般來說是擎羊，這兩個組合只有廉貞七殺有機會碰到擎羊，所以廉貞七殺放在田宅宮的機會最高，因為家暴是事件的發生，所以要看的是運限盤的田宅宮。

而會家暴別人，往往是因為感情，所以田宅宮下面可能疊夫妻宮，或是命宮（自己的情緒）。如果是別人家暴我，那一樣是在田宅宮，但是我會受傷，所以最上面的宮位是疾厄宮，下面疊著田宅宮，表示家裡的暴力事件讓我的身體受傷。因此家暴到底是被打還是打人，其實看的是疾厄宮，看自己有沒有受傷。

結合疊宮之後，我們幾乎就可以推演出大多數想問的事情了，並且可以知道問題在何處，除了代表身體疾病的疾厄宮之外。

特訓專區Q&A

Q1 夫妻宮有哪個星才算外遇呢？

外遇跟感情有關係，所以夫妻宮內需要的是桃花星。桃花星有太陰，天同，巨門，破軍，天相，貪狼，文曲，紅鸞，天喜，天姚，咸池，然後再看是否有出現化祿（多出來的），化權（兩個，掌握），以及左輔，右弼，天魁，天鉞（多出來的人）。

Q2 長相看哪個宮位？

我們的長相遺傳自父母，但是傳統上會以父親為主，所以主要是看代表父親的父母宮，以及代表身體的疾厄宮。當然一切都跟我們的生命有關係，所以也要看命宮，遷移宮是外人對我們的看法，因此也要看遷移宮，至於哪個宮位為主，當然是命宮跟疾厄宮，然後是父母宮跟遷移宮。

Q3 父親過世後，父母宮代表什麼呢？

命盤談的都是實質影響力，所以一切宮位的解釋要參照實際狀況。雖然父親過世了，但是我們一樣受到他遺傳的影響，因此在長相的部分同樣是依照原本的解釋，但是是否能夠再用父母宮去討論跟父親的關係、家世背景等等，這時候就要想想父親過世之後，是否有人取代了他的角色，如果有，對你來說那個人才是實質定義上的父親。例如父親的哥哥接手撫養照顧你，這時候運限盤父母宮上出現影響力的就是你的伯父，所以一方面要看實質是誰取代父親的角色，一方面要看是哪一個運限，要從他真正照顧你的運限開始。

如果是母親改嫁，但是繼父並沒有真正照顧你或者你不接受他，這時候父母宮就不能用來解釋繼父的情況。所以說一切要以實際上你有將其當成父親的角色，無論嘴巴上是否承認，只要自己的生活確實受到其照顧，這時候就可以從你覺得受到照顧的時間點開始看父母宮，那時候的父母宮就可以被視為你跟他的關係。

Q4 我的官祿宮很好，為何總是賺不到錢？

官祿宮代表的是對生命的追求、日常生活的的重心，之所以用官祿宮來表示工作情況，是因為工作確實是一般人日常生活的重心，工作的選擇往往也是一個人展現自己的地方，但是工作的狀況其實跟是否能夠賺錢，並不完全符合，有的人工作很愉快，得到很多成就，但是卻過著清貧的生活，因此是否賺錢其實看的是財帛宮。

Q5 我的子女宮很好為何總是存不到錢？

子女宮、田宅宮是代表財庫的宮位，也是我們內心對於自己能夠有安全感的地方，所以有所儲備會是這個宮位的特質。不過，即使一個人很會存錢，如果他的收入有限，再怎麼存也是有限，例如一個人把一分一毫都存下來，但是月收入只有三萬，這樣怎麼存也稱不上有錢。

Q6 我的僕役宮有紫微天府，但是感覺朋友沒有很有錢？

首先，要看這是哪一張盤的僕役宮，如果是本命盤僕役宮，因為我們不會一出生就帶兩個朋友從娘胎出來，所以本命盤僕役宮只能說是自己喜歡有能力有地位的朋友。如果這是自己天生對於朋友的選擇，透過努力挑選確實有可能讓自己身邊的人符合自己的期待，但是這不等於朋友一定都是如此，因此如果是本命盤僕役宮，這一點都不奇怪。如果是運限盤，那表示在這個時間內自己所認識的朋友，較容易是有身分地位的人，並且有不錯的經濟能力，因為在這個時間點，自己會認真地想與這樣的朋友往來，但是卻不一定真的會認識能力好的朋友。這部份需要釐清的是，星曜的解釋不等於真實的情況，例如有人的父母宮是紫微，父母宮是我們看父親的樣子，我覺得我爸像皇帝一樣不等於他真的是皇帝，可能他不過就是人緣不錯的里長，但是在我眼中他就是很吃得開能呼風喚雨了。更別說即使是紫微星也得拿到需要的條件，並非每個紫微星都是過很爽的皇帝。

Q7 該如何學習疾厄宮呢？

疾厄宮依照古中醫的論點有一整套獨立的系統，後面章節會有簡單的介紹，建議初學階段先以身體的使用觀念去理解，以及基本概念如太多煞星在運限盤疾厄宮表示身體會受到傷害（無論是哪一種傷害，受傷、生病皆是）。如果單純地去背貪狼在疾厄宮表示什麼這類的解釋，反而會有嚴重的誤導，學得一知半解。許多命理師喜歡用算命去討論別人的身體狀況，事實上這是很不負責任的，如果學個一年半載命理學就可以比醫生厲害，那醫學院的學生為何不來學紫微斗數呢？

Q8 怎麼看生小孩，是子女宮化祿嗎？

我們先想想看，生孩子會有什麼樣的情況呢？首先會因為性生活而多出一個本來不在家庭中的成員，性生活是子女宮；進來家庭的成員也代表是子女宮（家的外面，即田宅宮的對宮），所以基本上子女宮化祿是對的，那到底是哪個子女宮呢？生小孩是現象，所以應該是在運限盤，但是如果有運限盤產生的化祿出現在本命的子女宮（圖五十四），因為運限的力量讓我們在天生的生命中多了一個人，這也可以算生小孩的跡象。不過跡象不僅於此，生孩子是喜事，所以還需要有天喜星，在子女宮或者田宅宮都可以，在命宮當然也可以。最後，生孩子實際上來說是女性的工作與產生出來的行為，男性沒有，所以這些條件只會對應女生的命盤。

圖五十四／運限盤子女宮化祿、本命盤子女宮因為流年化祿

夫妻 大限父母 巳	兄弟 大限福德 午	命宮 大限田宅 未	父母 大限官祿 申
子女 大限命宮 辰	**運限盤子女宮化祿**		福德 大限僕役 酉
財帛 大限兄弟 卯			田宅 大限遷移 戌
疾厄 大限夫妻 寅	遷移 大限子女 化祿 丑	僕役 大限財帛 子	官祿 大限疾厄 亥

夫妻 流年福德 巳	兄弟 流年田宅 午	命宮 流年官祿 未	父母 流年僕役 申
子女 流年父母 流年化祿 辰	**本命盤子女宮 因為流年化祿**		福德 流年遷移 酉
財帛 流年命宮 卯			田宅 流年疾厄 戌
疾厄 流年兄弟 寅	遷移 流年夫妻 丑	僕役 流年子女 子	官祿 流年財帛 亥

Q9

怎麼看買房子呢？

買房子會有什麼跡象呢？你會擁有一間房子，這房子是本來不屬於你而多出來的，所以當然是田宅宮化祿或是祿存，也可能是化權，因為你掌握了房子。比較特別的是，可能會有破財的跡象，也就是子女宮、田宅宮有煞忌出現，因為實際上來說，如果貸款買房子，這房子是我們的嗎？事實上不完全是，這房子還是銀行的，並且我們要先付出一筆為數不小的錢，因此會有破財的跡象，當然如果你買房子的錢絕大多數是自有資金，這時候就不會出現破財或者跡象比較小。

★ 新手村通關小測驗 ★

小明的爸爸跟小明的大學同學搞外遇，這時候小明命盤的運限兄弟宮是呈現自己大學同學的樣子？還是媽媽的樣子呢？怎麼判斷呢？原因為何？

答案／

依照實質影響力來說，如果小明的父母未離婚，但是母親失蹤，人長時間不在身邊，而小明的父親跟小明的同學打得火熱，並且小明的同學也擔負了母親的工作，這時候小明在當下運限盤的兄弟宮就可以用來當作是同學的樣子（實質上母親的角色），不過可想而知這樣的情況很少，所以實際上較有可能的情況是：小明的兄弟宮還是自己的媽媽，至於這個跟父親外遇的大學同學，是自己的僕役宮。

第四步

十二宮裡的高難度宮位：疾厄宮

疾厄宮在紫微斗數中是一個特殊的存在，它依據的是古中醫的觀念並且利用命盤的結構去做出分析，我們可以將它看作是古人利用大數據統計出來的基本生理特徵調查報告書，是專屬於我們自己的健康調查表，所以本命盤的疾厄宮會代表了一個人對身體的使用態度以及天生的身體特質。

一個人對身體的使用態度，分成本命盤天生的態度，以及運限盤當下自己的做法跟想法。一般來說可以將疾厄宮內的主星解釋成我們是如何看待自己的身體，例如紫微星在疾厄宮的人，通常重視自己身體上的享受，但是如果是紫微破軍，這就不只是身體上的享受了，而是充滿了夢想的身體享受，什麼意思呢？就是覺得自己的身體無所不能！因此紫微破軍在疾厄宮，往往會被認為容易有富貴病，或者晚年身體容易虛弱，因為早年太過於操勞，不節制地使用自己的身體。按照此邏輯，我們就會知道，武曲星系在疾厄宮其實相當不錯，尤其當對面是貪狼，對自己身體的使用態度很務實，喜歡做各類跟身體有關的活動，但是卻不會任意糟蹋自己，並且願意花錢保養身體，當然這僅是單純的武曲而已，若加上四化就不一樣了。

以上說的都是本命盤，是天生的價值，運限盤則是當下的想法跟態度以及真正去做的事情，而且運限盤往往都是真正發生的事，例如有個人本命盤疾厄宮是廉貞天相，而且廉貞化祿，因為廉貞的約束特質和天相的規則守護，讓自己在身體的使用上會有一定的規範，不會隨便亂來或糟蹋，但是對宮的破軍又讓他感覺願意嘗試很多事情活動，只是最終還是要守著疾厄宮規則。這麼樣的一個人如果在流年疾厄宮遇到了空宮擎羊，對待自己的身體態度是想做什麼就做什麼，沒有人可以阻擋的，所以在這個流年他會相對願意接受一些對身體有所要求跟傷害的活動，只是當事情過去了，他的本命天生特質會跑出來，告訴自己不可以再這樣了。這就是本命盤跟運限盤的差異跟交互影響方式。

星曜的四化跟煞星通常是影響自己對待身體方式的原因，基本上可做以下這些判斷：

◆ **擎羊**：堅持不懈的態度。
◆ **火星**：一時火熱但是不持久。
◆ **陀羅**：堅持但是不甘不願地去做。
◆ **鈴星**：有計畫有步驟地努力和安排。
◆ **化祿**：本來不屬於自己而增加出來的，往往都是好處，這是身體的享受。
◆ **化權**：掌握自己身體是使用身體的重點，重要的事情絕對可以全力以赴。
◆ **化科**：名聲才是重點，好看就是目的，做任何事情都要讓人看到。
◆ **化忌**：非搞到身體有空缺才行。

這些四化都要考慮星曜的特質，例如，天同化祿就是吃吃喝喝地對待自己的身體，容易胖就是高機率會出現的成果；太陽化祿可能是會身體力行照顧別人；紫微化權往往覺得自己身體應該無所不能；武曲化權在使用身體的時候就會務實地考量這麼做是不是不划算；太陰化科是重視自己的外型；文昌化科是注重自己對於自己身體健康的要求，並且會尋找有助於健康的資料；巨門化忌會因為覺得自己做得不夠好而拼命去努力（巨門是不安全感）；廉貞化忌就是只要是打破規則的事情，他都可以試試看。

天生的身體特質中，包含長相跟天生的身體狀況，長相的部分需要同時參考命宮、父母宮、遷移宮，但是以命宮跟疾厄宮為主。然後依照每個星曜具備的特質去加總調整，例如廉貞破軍在疾厄宮，對宮天相，他的長相就會偏向廉貞跟破軍。如果是天相在疾厄宮，他的長相就會偏向天相，以這個組合來說，天相的特質是身材修長不易發胖，即使發胖也是因為年紀產生在下巴跟肚子，四肢往往還是修長；如果是父母宮天相，則一樣身材修長但是會有發胖的機會。這是看長相的基本原理，其它再加上三方四正的各星曜調整，例如任何主星遇到紅鸞、天喜、文曲、咸池、天姚這些桃花星都會增加對於異性的魅力，簡單來說，廉貞貪狼在對宮的美女，若加上這些桃花星則會更加嫵媚，電力十足。

不可否認地，在初學的時候，對於星曜的解釋能力以及對於面相學的掌握往往不夠（紫微斗數的長相幾乎可以跟面相學相同，例如面相上說的善於做學問、學究型的人，通常高額頭尖下巴，並且有時候容易禿頭，這剛好是天機、天梁的長相），所以在初學的階段，建議當作參考就好，畢竟這個年代因為各類科技關係，看面相的難度很大，很多時候一化妝就化得連他媽媽都不認得他了。以下簡單地整理十四主星各自具備的特質，方便大家判斷。判斷方法是，如果是貪狼就有貪狼的特質，如果是武曲貪狼就是兩種特質都有。

★十四主星外型特徵

◆**紫微**：高圓額頭，腮幫子有肉，中年後容易有下巴與腹部微凸（或者很凸），貴氣。

◆**天府**：高方額頭，眉形明顯眉毛黑，腮幫子有肉，鼻子有肉，中年後腹部微凸。

◆**天機**：下巴尖，沒有桃花星則身體瘦長，四肢骨頭明顯。

◆**天梁**：高挑，高額頭，容易有法令紋，女性五官較為中性。

◆ **太陽**：旺位者，臉圓，大眼，皮膚白，高挑；落陷位者，下巴圓，皮膚黑。兩者皆為寬肩。

◆ **太陰**：旺位者，月圓時生臉圓，皮膚黑，瞳孔分明；落陷位者皮膚白，削肩。

◆ **天同**：唇紅齒白，瘦不見骨，眼睛圓形。

◆ **巨門**：腮幫子寬，五官似日本人，牙齒不佳。

◆ **天相**：身材修長，四肢修長，手指細長不見骨。

◆ **七殺**：鼻樑骨直挺，下巴尖，眉稜骨突出，女性容易有酒窩，削肩。

◆ **破軍**：大眼皮膚白，通常身材修長，濃眉。

◆ **貪狼**：兩眼相對分開，眼角微翹，厚唇，皮膚黑。

◆ **武曲**：皮膚白，骨架粗，顴骨高。

◆ **廉貞**：五官立體，貌似日本人或西洋人。

我們可以把上述這些身體特色，套用到一個人的身體每年會遇到的事情跟變化，推算他的身體狀況，例如有個人天生肝比較差（本命盤），而在某個十年他會因為工作機會很多（大限官祿宮化權加擎羊，暗合疾厄宮），很拼命，所以導致肝不好，最後導致手指乾枯，眼神泛黃，皮膚泛黑，甚至是皮膚病或是肝病，這就是基本疾厄宮的判斷方式。古代中醫的論點是一個人要生什麼病，除了傳染病與外傷，基本上大多已經天生註定了，只是看什麼時候引發出來而已，所以古代中醫重視的是預防醫學，最好可以預先降低發病的機率，等到真正生病了才治療已經是下下策了。因此由天生的體質搭配上運限盤是否可能發生，可以判斷生病的狀況。

既然疾厄宮是用古代中醫對人體的看法去建構整個推測體系，當然脫不了五行跟人的關係，古代中醫用五行劃分身體內的五個體系，以臟器為主，認為人是透過臟器來運行整個身體這個大機器，每個臟器各自統轄一整個系統，而每個系統都會各自管理身體的一個區域或者說是一個範疇，因此只要相關區域出了問題就表示相關的內臟出了問題，例如肝跟手指頭有關係（肝其華在爪，手指頭稱為爪），所以當我們的手指呈現乾枯表示肝就有問題了，畢竟這是一個沒有內透視儀器的年代，所以需要從外面去看內部的問題。而五行是彼此相生相剋的（圖五十五、五十六），所以彼此會有影響，肝不好，腎也會受到影響，因為肝屬木，腎是水，水生木，如果木頭一直出問題不活躍，需要一直去供水就會讓腎工作過量。

或者是供水不夠可能木頭也長得不好。這是基本的中醫五行論點，也是紫微斗數評斷身體的基本論點，所以建議初學者如果希望疾厄宮學有所成，還需要熟讀一些中醫書籍，而非看各類命理書，才能避免出問題。中醫書籍建議從中醫大學的基本教材開始認識，若從古書如《黃帝內經》去研究，往往會掉入古文解釋的問題中，現代中醫已經做了很多科學研究，可以直接引用學習。

圖五十五／五行生剋圖

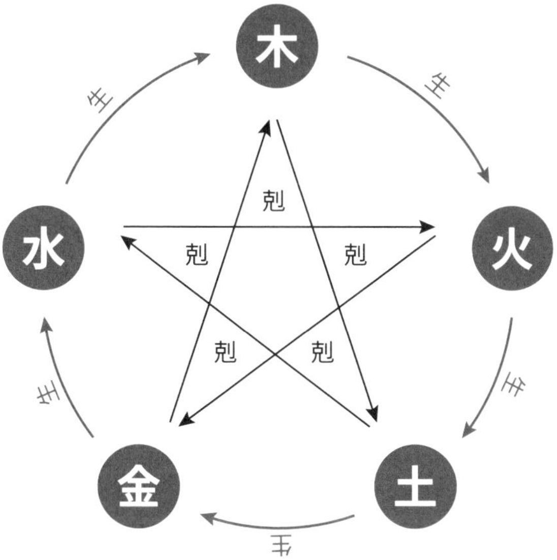

圖五十六／五行。五臟。五體。五華關係

五行	五臟	五體	五華
木	肝	筋	爪
火	心	脈	臉
土	脾	肉	唇
金	肺	皮	毛
水	腎	骨	髮

★從本命盤疾厄宮的特質和引動宮位看生病

從本命盤我們可以看到疾厄宮跟命宮的主星的五行，這時候我們就可以知道自己哪一個相對應的臟器較弱，基本上就可以作為身體調養的基礎，例如巨門屬水，所以巨門的人通常腎比較弱。但是會不會有五行具備的呢？應該不會有，但是五個中四個的有機會。（圖五十七）

圖五十七／肝腎較弱的盤

財帛 巨門 巳	子女 廉貞 天相 午	夫妻 天梁 未	兄弟 七殺 申
疾厄 貪狼 辰			命宮 天同 酉
遷移 太陰 卯			父母 武曲 戌
僕役 紫微 天府 寅	官祿 天機 丑	田宅 破軍 子	福德 太陽 亥

本命盤各個星曜可能代表的身體問題，如果跟煞星同宮或跟化忌同宮通常就表示這個部分天生就比較差，若沒有煞忌，則表示需要隨著年歲增長才有機會發生。

知道了自己的天生特質之後，要怎麼看出自己會生病呢？這時候基本的看法就是前面提到的引動宮位的看法，也就是說宮位如果沒有被引動，那表示事情不嚴重，事情不嚴重就表示身體雖然可能有問題，但是不到會讓我們生命受到影響的程度，所以不至於會生病。就好比你的老公最近遇到一個風騷的客戶，可能有點心動了，但是怕被你殺了，所以久久不敢行動，沒行動就沒有足夠讓人生氣的跡象出現，宮位沒有被引動，事情就不算發生。疾厄宮也是如此，沒有被引動的宮位不能夠算是身體真正的出了問題，也就是所謂的生病或受傷。

當我們的宮位被引動，就要看會發生什麼事情，以下是幾個判斷的原則：

1. 如果本身肝不好而在運限中被引動的宮位有肝跟腎，那出問題的會是肝；如果肝不好但是出問題的是跟木有相關生剋的，例如土（脾胃）跟水（腎），那問題會出在運限上的星曜所代表的臟器，只是背後的原因是因為肝。（圖五十八、五十九）

圖五十八／本命疾厄宮有貪狼，運限疾厄宮是天機太陰

子女 大限夫妻 天相 巳	夫妻 大限兄弟 天梁 午	兄弟 大限命宮 廉貞 七殺 未	命宮 大限父母 申
財帛 大限子女 巨門 辰			父母 大限福德 酉
疾厄 大限財帛 紫微 貪狼 卯			福德 大限田宅 天同 戌
遷移 大限疾厄 天機 太陰 寅	僕役 大限遷移 天府 丑	官祿 大限僕役 太陽 子	田宅 大限官祿 武曲 破軍 亥

圖五十九／本命疾厄宮是天機，運限疾厄宮兩張，一張天府，一張太陰

命宮 大限子女 廉貞貪狼 巳	父母 大限夫妻 巨門 午	福德 大限兄弟 天相 未	田宅 大限命宮 天同天梁 申
兄弟 大限財帛 太陰 辰	**本命疾厄天機** **大限疾厄天府**		官祿 大限父母 武曲七殺 酉
夫妻 大限疾厄 天府 卯			僕役 大限福德 太陽 戌
子女 大限遷移 寅	財帛 大限僕役 紫微破軍 丑	疾厄 大限官祿 天機 子	遷移 大限田宅 亥

命宮 大限財帛 廉貞貪狼 巳	父母 大限子女 巨門 午	福德 大限夫妻 天相 未	田宅 大限兄弟 天同天梁 申
兄弟 大限疾厄 太陰 辰	**本命疾厄天機** **大限疾厄太陰**		官祿 大限命宮 武曲七殺 酉
夫妻 大限遷移 天府 卯			僕役 大限父母 太陽 戌
子女 大限僕役 寅	財帛 大限官祿 紫微破軍 丑	疾厄 大限田宅 天機 子	遷移 大限福德 亥

2. 疾厄宮除了被引動之外，還需要遇到四化才算是真正的出問題，也就是生病。化祿是長東西（多出來）或者是蔓延，化權是加重或者有併發症，化科是發生、發現，化忌是變嚴重。

3. 受傷或是需要開刀，基本上都會出血，所以還要搭配紅鸞跟天喜這兩個代表血液的星曜。受傷跟開刀最大的差別在於，開刀在醫院，所以是在代表身體問題的疾厄宮，只要有引動疾厄宮並且宮位內有煞星跟鸞喜，就有開刀機會。受傷則需要判斷是在家裡或是在家的外面，所以需要重疊子女宮或田宅宮。（圖六十）

圖六十／開刀、受傷

命宮 大限子女 巳	父母 大限夫妻 午	福德 大限兄弟 未	田宅 大限命宮 申
兄弟 大限財帛 辰	**開刀**		官祿 大限父母 天喜 酉
夫妻 大限疾厄 雙羊 紅鸞 卯			僕役 大限福德 戌
子女 大限遷移 寅	財帛 大限僕役 丑	疾厄 大限官祿 子	遷移 大限田宅 亥

命宮 大限財帛 巳	父母 大限子女 紅鸞 午	福德 大限夫妻 未	田宅 大限兄弟 申
兄弟 大限疾厄 辰	**受傷**		官祿 大限命宮 酉
夫妻 大限遷移 卯			僕役 大限父母 戌
子女 大限僕役 寅	財帛 大限官祿 丑	疾厄 大限田宅 雙羊 天喜 子	遷移 大限福德 亥

4. 命盤各宮的位置可以對應身體的部位（圖六十一），所以如果宮位有引動，身體有生病，但是對應命盤上的身體位置，卻發現對不上，這時候也不會有事情發生。例如太陽屬火，代表心臟，但是被引動的宮位卻是在命盤右下角亥位的太陽（圖六十二），亥位的位置是我們左腳，心臟不在那裡，這時候就不算是心臟生病。

疾厄宮算是命盤盤相較複雜的判斷分析，所用的技巧跟過程較為轉折，並且會有更高階的算法可以精確推算出一個人幾月受傷、傷到身體哪個部位、如何開刀，但是這會建議在基本的能力純熟之後再學習，初學階段追求這些只會徒增困擾。另外，目前的醫學技術相對於古代可說是十分發達，因此對於身體疾病的判斷，建議還是尋求現代醫療體系的幫助，命理學只能當成參考。

圖六十一／十二宮對應人體部位

右手 巳	頭部 神經 午	頸部 淋巴 未	左手 申
胸部 辰			背部 心臟 酉
腹部 腸胃 卯			腎臟 卵巢 戌
右腳 寅	肛門 丑	生殖器 膀胱 子	左腳 亥

圖六十二／太陽在亥位不代表心臟

右手 巳	頭部 神經 午	頸部 淋巴 未	左手 申
胸部 辰			背部 心臟 酉
腹部 腸胃 卯			腎臟 卵巢 戌
右腳 寅	肛門 丑	生殖器 膀胱 子	左腳 太陽 雙陀 亥

Q1——怎麼從命盤看到我爸爸的死亡呢？

紫微斗數各流派都有討論死亡的看法，無論是竹羅三限、一氣生死訣、祿空倒馬等方式（網路上都找得到這些論點），但是這些論點其實都忘記說到一個很重要的考量點——福德宮。一個人如果是自然死亡，例如年過九十歲，睡夢中死去，這是這個人累積的福報，命盤上往往跡象不清楚，但這是少數的情況，大多數人都是在病痛中或是意外死亡。依照前面說的，任何一個現象的發生都需要具備許多條件，所以各流派的論點其實也都是依照各條件而設定出來。身體有巨大的疾病或疼痛，所以是疾厄宮有問題；人生不能夠繼續，所以命宮有問題；但是無論是哪一種情況，都需要搭配福德宮。無論是病痛或是意外，必然都讓這個人覺得自己倒楣或精神耗弱，所以會跟福德宮有關係，因此判斷一個人的生死，其實除了前面提到的各流派的方式，重點是看福德宮。而且需要本命、大限、流年的福德宮都出問題，表示這個人徹底處於運勢極差的狀態，這才有可能判斷死亡。

但問題是，現在的醫學科技很發達，而且人可以因為自己的行為累積福報而改善生命狀態，因此有可能是償還完人間的業報而提前離開，也可能是因為做很多善事所以被延長在人間享受天倫的時間，因此現在討論疾厄宮的生死，意義不大。通常我也只有在某些時候會去看，而非有人問就回答。主要也是避免徒增以後的困擾。

總之，這是在看一個人的命盤要思考的部分。至於父親的生死是否可以看，當然可以，可以利用父親的命盤或者是利用命主的父母宮當命宮，然後去找出屬於父親的十二宮，再用前面說的方法去看。

Q2

命盤上有很多煞星跟紅鸞，我會斷手斷腳嗎？

在古代要斷手斷腳很容易，隨便偷看人家老婆可能就要挖眼睛，偷東西要剁手，被馬車撞到要斷腳，但是在現代卻機會不大，所以斷手斷腳是大事情，因此除了一定要看大限命盤之外，更重要的是要有相對應的星曜，基本上是看天機星這個屬於骨頭的星曜，而且還要放在對的位置，最後加上擎羊星，這才會構成斷手斷腳的足夠條件組合。是否有紅鸞天喜則是論當下受傷是否有流血，換言之沒有這兩顆星至少不用流血。

Q3

為何看長相沒有很準？

看長相要準確，除了取決於對星曜的理解程度之外，更重要的是能夠自己去組合，因為長相要看四個宮位，所以哪個宮位為主、哪個宮位為輔很重要。

另外還需要對基本的面相學有所理解，至少要能夠知道面相學做判斷的基本術語，也要理解如「額頭圓潤，高聳入髮」等這些長相的形容詞，所以也只能透過長時間的觀察來加強自己的眼光。大多數人看長相不準，其實是因為參考因素太多，像是各宮位其實都需要參考三方四正星曜組合，或是現在的化妝技術也讓人很難看穿，所以這確實是初學者比較困難的地方，需要多加練習。

Q4 長相會受到運限盤影響嗎？

人的長相依照骨骼而生，基本上不會改變，但是人會因為運限的影響，可能在某時大吃大喝變成胖子，所以長相是否受運限影響，如果是身材體重，當然會；如果是天生的外型，則不會。

Q5 現代人很多整形改運，有用嗎？

這一直是大家討論的問題，如果有用，那大家去整容就好了，如果沒用，那面相學不是也沒用了嗎？這時候我們應該從何為有用開始說起，各類命理學其實都是圍繞著我們的生活出發，簡單來說，我的個性跟生活環境建構了我的人生，如果我的人生態度是我行我素，就算我的妝容再甜美，我也是兇悍的，這樣的個性當然就無法改變。但是如果我是容易受影響的人，我透過整形讓自己看起來呆萌一點，這時候即使脾氣不好也會因為自己的形象受到影響，進而讓自己的個性慢慢地轉換，每天面對鏡子裡可愛的自己就算要生氣也會緩一緩吧，這就是改運的原則，當然我們用風水、用道法、用改變個性的方式，都可以算是改運，只是要選擇自己愉快的方式。

Q6 避免意外災害，捐血有用嗎？

在各類的改運避災方式中，有一種是捐血，其實這是源自於所有人生事件的組成都不是單一條件，是由諸多條件組成，既然如此，我們是否可以打破原來的排列組合，重新組成一個，那麼結果就會被改變。就像意外（所謂的血光）會有血，那如果我自己去醫院捐血是否能破血光？其實這樣是沒用的。這個方法需要找到相同對等的元素做出交換，如果我本來要斷手，斷手後人生會有不同，這時怎麼可能用捐血來代替，因為兩者對人產生的影響差太多了。一般來說，通常會建議的做法是要符合改運的跡象，例如破血光其實需要的是要能流血、有傷口，捐血沒有傷口，所謂破血光的傷口需要是會有結痂的情況，才算有血光的基本樣子。建議可以捐錢給醫院增加自己的福德宮的福報，效果會比較好一點，畢竟福德宮會影響我們的運勢狀況。

Q7

開刀要選疾厄宮好的時候還是不好的時候？

這是很好的問題，到底應該選好運的時候還是壞運的時候？身體好的時候還是壞的時候？其實答案很簡單，就像醫生會說要開大刀，身體要夠強壯，所以如果是開小刀，要選運氣不好的時候，讓那個楣運或是受傷的運用開刀來呈現，但是如果是重大疾病需要開大刀，這時候我們需要運氣也需要強壯的身體，當然就要選擇福德宮、疾厄宮狀態好的時候。

★ 新手村通關小測驗 ★

小明的新女友稱不上是大美女卻異性緣很好，這可能是因為女友的疾厄宮有什麼情況呢？

答案／

有桃花星。

第四章

高階應用和開業命理師需要的快速技巧

這一章除了飛化，也會介紹幾個快速又好用的技巧，讓我們可以在日常生活中方便使用，這同時也是當命理師時必備的實用技術，能增加紫微斗數的使用靈活度。

第一步

紫微斗數裡的易經手法：飛化

恭喜大家在努力之後，從基本的觀念開始熟悉各種紫微斗數的解盤技巧，並且了解怎麼利用推理來解讀命盤，有了這些底子，已經具備了專業命理師的基本資格，但是熟稔基本技巧之後，要如何更進階地應用呢？或者說可以簡單地使用紫微斗數，而不是每問一件事情都需要看命盤兩三個小時呢？初學時按照步驟當然是學習上很重要的過程，但是在實際應用上，除非是需要高度討論的複雜命盤，否則往往少了實用性，也降低紫微斗數能夠幫助人的機會，所以這一章我們將介紹紫微斗數中幾種快速的使用方法，以及一直被視為紫微斗數最難的技巧——飛化的應用手法和學習方式。

首先我們需要理解到，紫微斗數的核心是易經、陰陽五行這些傳統命理學，並利用占星學的分析與結構去重組傳統命理學，讓傳統命理學可以被現代化地應用（紫微斗數的架構是可以被科學驗證的邏輯思維），並且更簡單有效率地被我們使用跟學習，不再是需要靠天分、靠神明力量、靠外星人、靠頓悟，而是和所有可以被普及跟廣泛應用的專業知識一樣，只要具備科學理路，再透過訓練，一定可以達到相當的水準，讓這些原本只能掌握在少數人手裡的知識更加容易被學習，並且解決了這些命理學的缺點。如果了解這樣的背景，我們就可以利用紫微斗數原本就隱藏的易經架構去做很多快速的運算，幫助我們使用易經這個難學、需要天分但是十分好用的命理學。

前文提到預測學的核心就是人跟環境的關係，但是這其中還包含了我們無法透過觀察環境的循環，以及用大數據統計分析人的部分，也就是古人說的天人感應論。我們在人世間，無論對天地、對周遭所有的萬物，都有著我們看不到的因緣存在，彷彿有一條細絲線牽引著我們與萬物之間的關係，彼此因為這條因緣線而連動著。命理學中各類的占測技巧，就是找出這條細絲線的方法，其中最高深的就是易經的占測技巧，也因此被認為艱澀難用。但是透過紫微斗數，我們卻可以輕鬆簡單地擷取其精華來使用（只要具備前述的基本功）。就像老師傅做陶燒窯需要憑藉經驗跟觀察去了解窯爐內的溫度，但是現在卻可以利用高科技的溫度計精密地量測出實際的溫度狀況，紫微斗數就像是這樣的科技，省去許多時間與學習的過程。

這其中最常被人喜好跟追求的就是飛化的手法，前面提到在紫微斗數中可以看到基本的易經觀念就是四化，任何事物都可以因為某些時空環境的因素產生變化，這個變化會讓局勢有所不同，會讓星曜產生不離本質，但是有不同的樣貌。如同一棵樹受到天氣影響會有所改變，也可以因為它生長的土地、種植它的人等各式各樣原因而產生不同的樣貌，但是這改變終歸不會超脫出一棵樹。所謂的飛化就是這種觀念下的產物，也是紫微斗數內藏的易經使用手法的靈活應用。

四化不只有本命利用出生年、大限利用某個年歲時段、流年利用每年的外界環境等這些時間上的變化影響，而是命盤上的各個宮位也可以彼此影響——從A宮位產生力量去影響B宮位（圖六十三）。好像從A宮位派了一個信差飛到B宮位去告訴他，你要改變喔，所以叫做飛化。例如夫妻宮（A宮位）化忌（飛化）到命宮（B宮位），可以解釋為這個人會因為感情而覺得自己的生命總是感覺很空缺。如果是生年命宮化忌，這是他天生總是覺得生命中缺少點什麼，所以我們常說命宮化忌最好了，覺得自己有缺點、不滿足於現況，其實會是人生進步的動力。但是當這個空缺感是感情給他的時候，這表示如果他沒有找到滿意的感情對象或狀態，他就會覺得自己的生命得不到滿足，只限於感情的部分。這就是飛化的基本邏輯，也是跟利用時間產生的生年、大限、流年的四化最大的不同處。

圖六十三／A 飛到 B

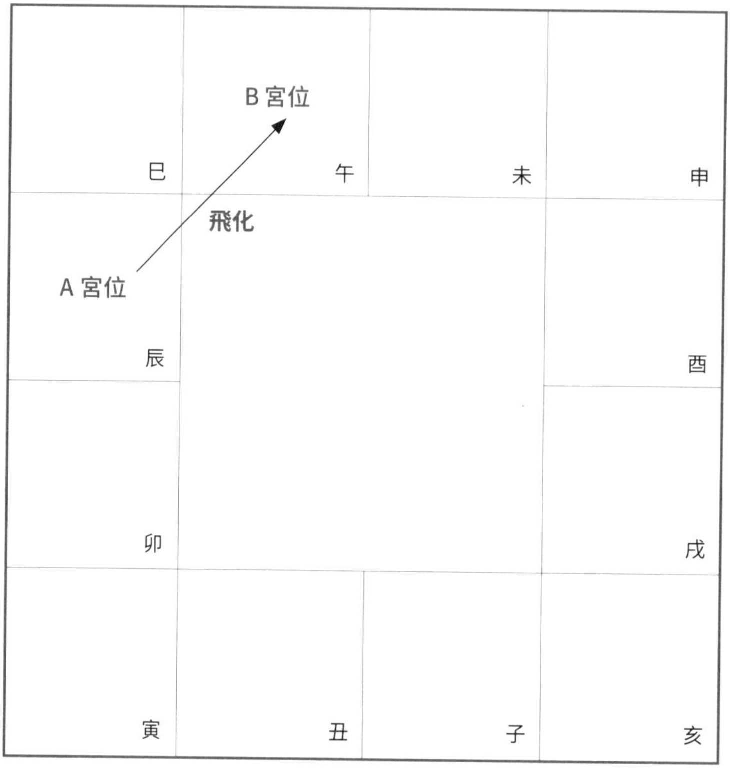

所以在飛化的解釋上，句型是「XXX讓我的XXX如何」。例如，我的理財觀念（本命財帛宮）讓我總是對朋友（僕役宮）很大方（化祿），在吃喝玩樂上（天同化祿）。某一個宮位影響了另外一個宮位，並且去解讀被影響的宮位是什麼星曜被影響了、如何影響，這就是解釋飛化的基本原則。這也是許多書籍說官祿宮化忌到財帛宮的人不適合創業的原因，因為他的工作會讓他覺得財務空缺。我們要熟練這樣的邏輯，否則常常會解釋顛倒，例如兄弟宮化忌到夫妻宮，應該是母親的教育或因為兄弟姊妹的關係會影響到我的感情，但卻時常被解釋成我的感情去影響了我跟母親的關係。讀者們可以利用自己的命盤多練習，試著練習看看能否對應自己的實際情況，並搭配星曜，而且同樣要考慮是否受到運限盤的影響，畢竟本命盤是基本的價值觀，但是「當下」的情況會受到運限盤的高度影響，既然會受到運限盤影響，就表示運限盤也可以飛化，只是說的就會是現象了。

第二步

不知道生辰也可以知道別人的命盤：定盤

紫微斗數利用一個人的出生年月日時這四個數字為基礎，排列組成一張命盤，可以說是把人的一生當作一個模擬人生的電腦遊戲，用公式壓縮成一個檔案，我們需要透過解讀開啟並了解這個遊戲。而這個解開這個公式的密碼就是出生年月日時，但問題是有時候我們無法知道別人的出生年月日時。例如年紀大的人，因為當時的社會環境，或者因為戰亂，所以沒有詳細的紀錄，也可能他們的父母忘記了、記錯了，甚至因為傳統觀念覺得算命不好，怕小孩被壞人所害，所以故意給錯誤的生日。又或者你可能不想要算自己的命，但是你想知道最近認識的對象、剛上任的主管與自己的關係，卻不好意思去問對方的生辰，這些原因都會讓我們無法得到明確的資訊，無法產生命盤。如果有這樣的情況，建議先以下列幾種方式處理看看：

1. 根本不知道生辰的人：如果是台灣在六〇年代左右出生的人，因為當時的戶籍資料已經相對完備，法規也規定需要明確記載出生時間，所以通常可以在戶政機關查到。但如果年紀更大，可能就不容易查到了。

2. 記錯生辰的人：同上述可以去戶政機關查詢，或者是詢問父母，但這通常不容易查證。

3. 不是向你諮詢的客人，你也不方便直接問的人：藉由聊天去詢問資訊，例如說：「聽說早上出生的人都很陽光，你是不是早上出生的呢？」用聊天旁敲側擊取得訊息。

如果上面這幾種方式都無法拿到資訊，或者只能拿到年月日但是沒有出生時辰，這時候就會需要定盤，也就是利用一些已經發生的現象去篩選出正確的命盤。所以定盤的技巧基本上是一種刪去法。但是這只用在有年月日卻少了時辰條件的命盤上，如果連年月日都沒有，可能就需要利用占卦的技術，但是這樣的情況其實相對少見，通常都是缺少時辰或是不確定時辰，例如我們常聽到人們會說「我可能是快要三點或是三點多出生的」，這類情形就可以利用定盤。

定盤的方式是，將生日那一天的所有時辰的命盤都列出來，然後逐一比對哪一張命盤比較像當事人會發生的事情和曾經發生的事情，將不正確的刪除，最後留下正確的就是真正的時辰。例如某人一九八八年八月六號生，他二十八歲結婚、三十歲創業、三十五歲生子、四十歲車禍，用這些條件去看他生日這一天的所有命盤，每個項目都符合的那張命盤就是他的真正時辰了。

使用刪去法時有幾個需要注意的地方，免得造成定盤容易出錯。首先，定盤是利用我們對命盤的了解而做出刪除，所以定盤準確與否其實跟命理師的程度息息相關，如果對於命盤解讀是看到貪狼就覺得是花心，這樣的單一平面的解讀程度，就容易出錯，因為實際上根本解不出盤，定盤時當然就無法分辨出正確的命盤。

再者，為了避免誤判，在定盤的時候切記不要用父母、兄弟、夫妻這一類的六親宮位，討論各種與人的關係去定盤，例如用爸爸脾氣很不好、媽媽個性很溫柔這樣的條件去定盤，因為命盤上的親屬關係宮位說的都是「我們對他的看法」，跟他既定的情況不一樣，而且這一類情緒性的形容詞是十分模糊籠統的，例如所謂的媽媽很溫柔，可以是落陷的太陽、不管旺位或落陷的太陰、貪狼、巨門、天同等星曜都有可能，這根本就很難做為判斷的條件。或者是說爸爸很獨裁，這個可以是七殺跟七殺的雙星組合像是天府、武曲，但也可能是太陽，可見範圍太大了，而且摻雜太多個人主觀因素。因此，一律建議用「事件發生的現象」去判斷，畢竟車禍斷腿就是斷腿，不會是這個老師看是車禍，那個老師看是買車，這一定是有一個老師是錯的。這也是我常說的，其實命理根本不會因為不同流派或是不同的命理學，而有對事情有不同的角度與看法，會有事情角度問題只是因為準度不夠而已。但如果判斷的是感情關係，就較有可能會有這樣的狀況出現。

當我們需要定盤的時候，因為只是在一天十二個時辰內找出最像的那個時辰，但是一張命盤由年月日時四個條件構成，我們只是在尋找其中百分之二十五的差異，自然會有一種好像每張盤看起來都很像的狀態，所以定盤除了要用清楚的事件之外，還需要注意每個跡象的清晰度，因為有可能三張盤都會有結婚跡象，這時候就要看三張盤哪一張最像。最後，所有事件的條件要「全部」具備，有的人會選滿足最多條件的那一張，例如有一張盤，五個條件中滿足了其中三個，其它盤五個條件中只符合一個或兩個，所以就選三個的那張盤，這是不對的。定盤需要每個條件都符合才算數。如果用五個條件區分不出來，那就再增加條件，一直增加到可以區分得出來為止。

此外，許多初學者喜歡找名人的盤來練習，如果不知道名人的生辰就上網搜尋，或者依照自己所知道的條件去定盤。用名人的資訊去練定盤最大的問題是，我們查到的生日不見得是正確的，以及我們知道這個人的背景訊息可能也是被造假的，因為這些訊息往往來自媒體的傳播，很多時候都是為了包裝人設而設定的假消息，就像一個愛家男明星其實只是被包裝出來的花心男人。用錯誤的條件去定盤，只是讓自己學到更多錯誤的解盤觀念而已。有許多老師喜歡到處幫名人定盤，然後去解讀，坦白說是十分可笑的，甚至有老師覺得就算定錯了也沒關係，因為這就是一個練習，這就好比我們學數學的時候可以跟老師說「沒關係啊答案對不對不重要，只是一個練習」嗎？你解方程式一直出錯，非但不檢討還敢說有練習就好，十分可笑啊！紫微斗數跟數學一樣，不會就是不會，我們應該是在錯誤中學習修正，而不是去接受錯誤訊息，更別說網路上能查到的名人盤，其實許多都是假的。

定盤的練習是初學者很重要的一環，我們建議可以利用已經知道「正確時間以及條件」的親屬好友命盤去練習，透過這個定盤遊戲，可以將解盤能力練得更扎實，因為所用的是正確知道時辰的命盤，以及真正知道這個命盤發生的事情。如果還是定不出來，一定是因為自己解盤的理路錯誤。有方程式就有答案，但是利用方程式卻解不出答案，這一定是解答過程有哪裡出錯了，那麼就可以利用這個方法不斷地去糾正自己的理路。

Q1 夏令節約時間怎麼辦？

各派別對於這個問題都有其論點，包含南北半球怎麼辦？不同國家怎麼辦？紫微斗數全書有句話：「不依琴堂論五星」，也就是不依照琴堂派的方式去做星盤的解讀，琴堂派是什麼呢？琴堂派是前面提到印度占星傳入中原之後所形成的流派，標標準準的占星學。所謂的「不依琴堂」就是不用像琴堂派那樣去推論。這也說明了紫微斗數既然跟占星結合，我們可以將其視為一種人生巨大的卦象，如同我們出生時呼吸第一口氣就跟天地環境有了連結，以此契機連動環境，產生這個人跟宇宙會有的各種關係建構出這一張命盤，所以根本不用去管經緯度這件事情。既然不用管經緯度，那也沒必要注意南北半球了，否則到底是要換算成北京時間還是台北時間？還是香港時間？或者是汴京時間還是長安時間呢？

其實紫微斗數所用的是這個人在他的出生環境下，他所需要面對跟經歷的時空環境對他的影響，所以用的就是當地的時間，因此也就不需要去校正夏令時間了，只要依照實際出生時間就可以。

Q2 出生時間剛剛好在兩個生辰交接處怎麼辦？

兩個時辰的交接，例如早上三點可能是一點到三點的丑時，也可能是三點到五點的寅時，這時候如果紀錄是早上三點出生，那我們到底該算丑還是寅呢？就字面來看可能寅會比丑好。這常常是讓初學者覺得很難分辨的。前文提到命盤是用人出生吸到的一口氣（新生娃娃被打屁股開始哭了），所以時間是一個推延的流動過程，因此在設定上如果是三點，通常用的會是三點到五點，因為即使是剛剛好三點出生，但是生命從此開始要邁向五點了。

另外一個問題是如果是兩點五十九分出生呢？或是三點零一分出生呢？基本上依照我慣用的方式，還是會讓命盤落在時辰的區間內，兩點五十九就是當作一點到三點，三點零一分就是當作三點到五點。如果還是擔心會不準確，例如怕是媽媽記錯，建議可以把丑時跟寅時兩張盤拿來比對一下，看看哪一張比較像自己的生平，就用那張盤當作命盤。

Q3 人生無大事的話要怎麼定盤呢？

這是定盤時比較麻煩的事情，因為沒有明確的事件，特別是年輕人還沒有結婚生子這類的事情發生。不過所謂的「大事件」是相對比較的，如果這個人一生平淡無奇，可能區區一件搬家，對他來說也是重要的事情，甚至一件失戀也算，所以所謂的「重大」是相對比較出來的，可以藉由多一點的提問來找出一些人生的節點。一般來說，沒有生辰的人通常都是較年長的人，他們的人生應該發生過很多事情，不難找出來。如果是年輕人又不知道生辰，而且因為還年輕，人生沒有重大事件發生，除了可以去查戶籍資料，也可以考慮用占卦的方式做預測。

Q4 每個時辰的命盤看來都很像怎麼辦？

其實這個問題並不存在，或許一天之內因為只有百分之二十五的組成部分不同，所以盤上的許多現象看起來相同，但實際上還是不一樣。會有這種情況大概會是兩個原因，一是命主提供的條件訊息是假的或不夠清楚。例如我曾幫一個新聞說自殺過世的藝人定盤（自殺是個很明確的條件，所以即使是藝人也等於有明確的跡象可以定盤），定盤後，雖然有八張盤有死亡跡象，但卻都不是自殺的跡象，其它命盤則沒有任何死亡跡象。後來透過這位藝人的姊妹淘才知道，其實這藝人很可能不是自殺，只是表面上看起來是。因為姐妹淘說這位藝人在過世前一個月一直跟身邊的朋友說有人要害他，甚至他睡覺時枕頭下必放一把水果刀保護自己，這樣的人怎麼可能自殺呢？

另一方面，絕大多數的情況其實是因為初學者在定盤時，因為自己對於命盤的解讀難免淪於單宮單星論，例如碰到命主說這個人很會說話很花心，就覺得應該是貪狼廉貞坐命；或是聽到這個人很年輕就結婚就覺得應該是桃花星，只用單一條件就去判斷會出現的星曜，便覺得好像很多張盤都有可能。這就是我們上課常開玩笑說的「破軍，七殺，貪狼都容易二婚」，但是依照統計，結婚十年內大約會有百分之五十的夫妻離婚，若用這個比例去看，大概十四顆主星都會二婚。因此，根本不能用這樣的方式解盤，否則學得再久，定盤還是錯，還是會覺得每張盤都很像。這也是為何我們將「定盤考」做為課堂上一個很重要的測驗，因為從定盤可以很明確地看出自己解盤時的觀念遺漏跟缺失。

Q5 特定地區可能有的時辰問題，例如新疆，要怎麼定盤？

因為紫微斗數設計的原理，所以用的是實際影響我們的時間，但是大多數的地區與國家所用的時間都跟人的生活是貼合的，即使遇到夏季節約時間，其實整個社會或國家也都是用調整後的時間在運作，因此對我們的生活並沒有造成太多的差異。

不過，據說馬來西亞這個國家橫跨了兩個半的時區，但卻是以首都為標準去制定全國時間，於是產生東、西地區的時間差了兩個多小時，也就是這一邊已經太陽下山了，那一邊仍有午後的陽光，這變成人們在人為規定的時間與實際受到太陽的影響下作息，會有完全不同的感受，所以可能會需要使用所謂的「真太陽時」，也就是我們所使用的時區本來是透過太陽照射地球而制定的，然後依照需要而做出一些細微的人為調整。例如日本最西邊跟最東邊大約差了一小時，但是一小時對人的生活作息誤差不大，所以全部都用東京時間做為標準，這並不影響人們的實際生活。如果誤差很大會影響人們實際生活的，就可以用真太陽時回歸到人對時間來自對太陽的運行感受。

至於新疆，據說除了北京時間跟新疆差了約三個時區，可能需要用真太陽時之外，維吾爾人據說也有專屬於自己民族使用的時間，既非現在的北京時間也不是真太陽時。因為他們的生活是依據民族時間，所以可能也需要考慮。

如果還有疑慮，建議把真太陽時跟實際的時間做出兩張或三張命盤（維吾爾人），交叉比對，看哪一張命盤比較像。

Q6 長年用了錯誤時辰的人需要定盤嗎？

命盤上的現象都是用對一個人的實質影響力來論定，這是解盤跟看盤的重要判斷指標，所以如果有一個人長年使用一個錯誤的命盤，他自己也覺得這個盤很像他，或者說他覺得拿這個盤去算命也會準，這往往是因為早年的人覺得算命被別人拿到生辰八字會被下符咒，或者因為戰亂或時代環境的問題拿不到真正的時間，也可能根本是爸媽記錯了，甚至是很扯的一種情形，遇到明明程度不好的命理師，卻說別人命盤錯誤而硬要叫人家改時間的。無論是哪一種，因為他自己相信，而且長年使用，所以會產生實質影響力，這時候使用這張命盤當然就沒問題。

這個原理其實也是我們課程所教授的改運技巧之一，既然這原理可以用，當然就表示在某個範圍內，我們可以透過後天行為改變自己的命盤，讓自己相信自己應該是另外一種個性而去更動自己的命運，因為命運是依照人與環境的關係組成，當人被改變，自然而然命運就會被改變。不過如果自己一直懷疑這個盤，這時候就不能將錯就錯。

★ 新手村通關小測驗 ★

小明的朋友不在台灣出生，而且當時接生的醫院經營不善倒閉，所以朋友無法取得出生證明，只知道他是西元 1983 年 12 月 17 日出生的女性，第二大限因為父親生意失敗而無法繼續學業，第二大限父親生意失敗後，為了改善家中狀況而與詐騙集團有所牽連，第三大限財務出狀況是來自於自己的過度消費，第三大限出車禍。應該是哪個時辰出生呢？

答案／

未時（圖六十四）。

第二大限因父親生意失敗而無法繼續學業

大限命宮疊本命父母宮，且暗合大限父疾線，此大限受父親影響；以大限父母宮當作父親的命宮，檢查其狀況，官祿宮內坐武曲破軍而且破軍化祿，有本命的陀羅、文曲，對宮天相、鈴星、天鉞；大限祿存，有官非及工作狀態不佳，子女宮和田宅宮天同和巨門對拱，巨門化權、火星，有大限的陀羅，表示收財狀況不佳，暗合財帛宮和福德宮紫微貪狼而且貪狼有忌有祿，表示來財有缺口，雖然也有注入，但缺口大於注入，因此推斷父親生意失敗。

第二大限父親生意失敗後，想改善家中狀況而與詐騙集團有所牽連

搭配前述之解答，輔以命主第二大限兄弟宮僕役宮暗合大限財帛宮福德宮，而且大限財帛宮福德宮疊本命子女宮田宅宮，前者（大限兄僕）天相、鈴星、大限祿存，對宮武曲破軍而且破軍化祿、陀羅、文曲，表示原本的人際關係看起來狀態不錯，但實則出現帶有官非性質的人，後者（大限財福）天機太陰同宮而且天機化忌、太陰化科化權，可見在命主急於求財，但不得其法，兩者交互影響之下，因此推斷為家道中落而與詐騙集團有所牽連。

第三大限財務出狀況是來自於自己的過度消費

大限命宮遷移宮疊本命財帛宮福德宮，廉貞七殺、大限擎羊對宮天府、本命擎羊，表示此大限在財務上花錢不手軟，同步檢查大限財帛宮福德宮紫微貪狼且貪狼化忌化權、文昌，表示容易將錢花在具備一定水準的品牌上及生活享樂，因此推斷為財務出狀況是來自於自己的過度消費。

第三大限出車禍

大限父母宮疾厄宮疊本命子女宮田宅宮，其宮位內主星為天機太陰且太陰化科，主星特質怕煞忌，且有交通、四肢之涵義，同步檢查大限子女宮田宅宮天同巨門對拱、有鸞喜，且子田線上的巨門、火星對應於外出宮位，有交通事故之意，鸞喜遇煞（火星）有血光之機會，因此推斷為車禍。

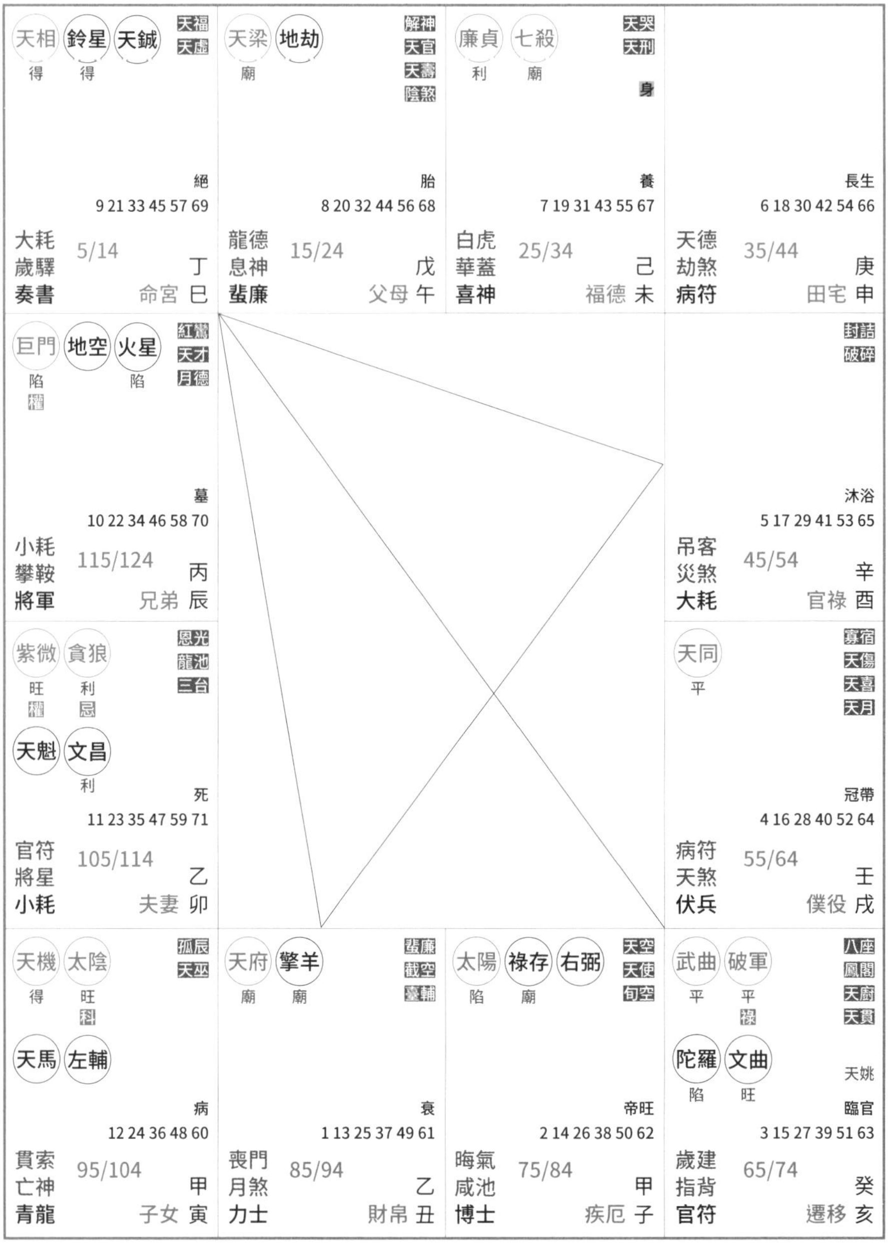

圖六十四／西元 1983 年 12 月 17 日出生的女性「未時」命盤

第三步

不需要完整命盤的預測法：占卦

許多人算命時會遇到一類很厲害的命理師，在完全沒有任何資訊的情況下就可以說出很精準的事情。這實際上有許多手法可以達成，有的是因為會看面相，所以不需要命主的個人資訊，但是面相通常需要有很好的程度才能說得很詳細，否則只能說出大概的個性。還有的是所謂的通靈人士，許多命理師其實是利用外靈幫忙的，這無論是菩薩、王爺等各類神明、天使，或是更高維度的外星人、靈魂導師，抑或是養小鬼，其實就是靈體，本質上沒有不同，不同的只是這個靈的能力。而且其實能力跟名稱不一定相等，名號大不表示能力強，因為仿冒的很多，更別說真正的大神根本不會做這樣的事情，試想，真正高等的外星人為何要幫助一個算命師，怎麼不乾脆去彌平一下世界各國發瘋想發動戰爭的元首呢？使用這一類手法的命理師不見得會跟你說他是用這些力量，有的更可能透過比較好聽的名稱來取信於你，例如外星人、未來人，感覺比觀世音科學一點，或者根本不提，用其它命理的手法來掩飾，表面上是算八字或紫微斗數，實際上卻利用靈來跟命主的靈魂溝通，所以可以知道許多很細微的事情，例如你家廁所門上有掛著維尼熊玩偶。這一類命理師雖然有說出令人驚訝的細節的能力，但是預測未來不見得會準確。

最後一種則是利用占卦的原理。占卦是取人跟宇宙間的訊息，做出在一個時間範圍內的推測。就像我們看到一台車在高速公路上好好地開著，但是出現大濃霧，導致他看不到前方出現車禍，因此他高機率地可能會追撞上去，這時候我們並不需要知道開車的人的生辰八字，也能知道他要出車禍了，這是因為紫微斗數取自易經，所以可以使用占卦技巧。使用占卦也可以順便解決沒有生辰的問題，雖然有了整張命盤就可以對整個人生一目瞭然，但是大多數的人需要算命往往只是想解決當下的情況，例如公司最近是否會遇到財務問題我會因此被資遣？這時候占卦就是一種好用又方便的方式。

★紫微占卦的使用方法

占卦的基本要件是需要有一組完整的系統，紫微斗數的命盤剛好就是一個完整的命理系統，有了系統，剩下的就是在系統之中提取出我們要的訊息，但是為了避免我們受到自己的想法跟情緒影響，所以需要用亂數去套取出訊息，也就是這個提取的方式必須是我們無法預期的。而紫微斗數的解盤是需要透過命盤去分析解讀各類訊息，所以我們需要一張用非預期方式找出來的、但是跟要問的事情有相關聯的命盤。也就是說，使用紫微斗數占卦要符合的條件有：完整系統、是透過亂數（非人為控制）取出來的資料、命盤要跟問的事情有關係。

我會建議占卦的命盤就用自己的命盤，但是拿掉屬於自己的天干跟十二宮。這是因為這是屬於你的命盤，這個人來找你算命必然會跟你的生命有聯繫，所以用自己的命盤但是帶入他的資訊，透過你跟他之間的聯繫與因緣來察看他的事情。因此，我們可以利用諮詢者的生肖對應命盤上的地支位置，重新制訂出這張盤的命宮和整個十二宮，完成一張命盤的基礎結構。最後使用來諮詢問事的時間，取得一個數字，以這個數字去對應十天干，取出天干。例如找你諮詢的時間是18：20，可以將1，

8，2，0相加得到11，而1，1再相加得到2。我個人習慣以數字3為甲，4為乙，5為丙……，依此類推，2就是癸（這個部分你也可以自己設定成1為甲，只要不要換來換去就可以），有了這張盤的天干，那麼就產生屬於這張盤的四化與祿羊陀，完成一張完整的紫微斗數命盤。（圖六十五、六十六、六十七、六十八）

圖六十五／用自己的命盤

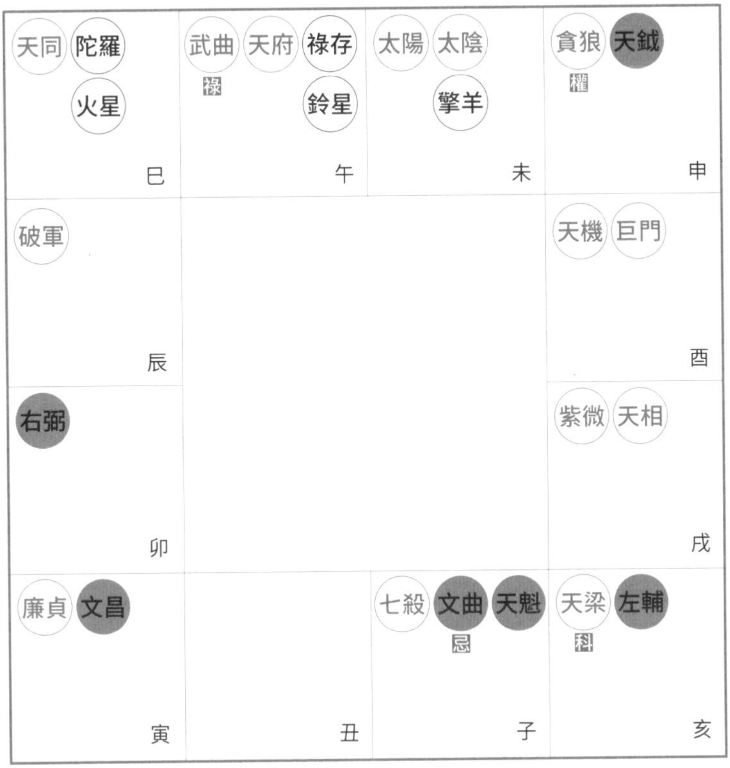
天同 陀羅 火星 巳
武曲 天府 祿存 祿 鈴星 午
太陽 太陰 擎羊 未
貪狼 天鉞 權 申
破軍 辰
天機 巨門 酉
右弼 卯
紫微 天相 戌
廉貞 文昌 寅
丑
七殺 文曲 天魁 忌 子
天梁 左輔 科 亥

圖六十六／先拿掉原本屬於自己的四化跟祿羊陀、火星、鈴星

天同 巳	武曲 天府 午	太陽 太陰 未	貪狼 天鉞 申
破軍 辰			天機 巨門 酉
右弼 卯			紫微 天相 戌
廉貞 文昌 寅	丑	七殺 文曲 天魁 子	天梁 左輔 亥

圖六十七／利用客人的生肖對應十二宮的地支位置確立他的命宮，
例如這個人的生肖是兔，命宮在卯，因此就可以產生出命盤十二宮

天同 福德 巳	武曲 天府 田宅 午	太陽 太陰 官祿 未	貪狼 天鉞 僕役 申
破軍 父母 辰	生肖屬兔，命宮在卯		天機 巨門 遷移 酉
右弼 命宮 卯			紫微 天相 疾厄 戌
廉貞 文昌 兄弟 寅	夫妻 丑	七殺 文曲 天魁 子女 子	天梁 左輔 財帛 亥

圖六十八／例如用客人來的時間確立天干，例如來的時間是 18:20，數字相加成為 2，天干為癸，安祿羊陀，所以形成一張完整命盤

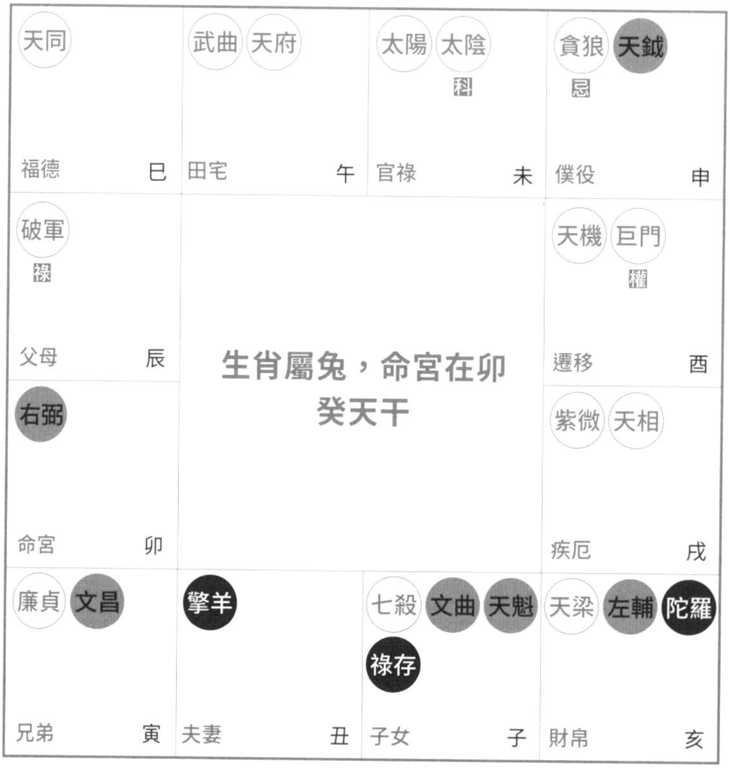

這時候就可以將這張命盤當作諮詢者的命盤，並且可以從這張盤上出現的陀羅、化忌的位置，了解到這個人想問什麼事情。通常如果剛好陀羅在夫妻宮，應該就是問感情，化忌在財帛宮可能是煩惱金錢問題，更細節一點的資訊就再搭配主星來看。這個手法跟奇門遁甲強調的「來人不需資料就可以知道問何事」是一樣的原理，也是許多高手命理師可以在你坐下瞬間，就知道你大概要問什麼事情的原因。因為用到了這個人的生肖，流年生肖也稱為太歲，所以這個方法也可以被稱為太歲入卦。順帶一提，利用生肖找到命宮位置的方法，也可以改成利用時間或跟客人有關係的事情，例如用客人名字的筆劃，所以這方法可以延伸成，知道這個人的名字就會知道這個人的事情的手法。

有了命盤之後，我們就可以依照命盤來做解讀，如果他要問感情的狀況就幫他看夫妻宮，後面就是按照紫微命盤的邏輯去解讀。至於那些無法取得生辰的問題，例如：我的公司是不是快倒了？我家房子最近一直漏水，問題在哪裡？公司跟房子一定是沒有生辰的，那麼可以把這張命盤當成是公司的命盤或是房子的命盤來解讀。我曾經用這個方式找到朋友女兒走失的黃金鼠，看法是將命盤當作是黃金鼠的命盤，看看遷移宮或福德宮是否有化祿，當作是牠想往外跑，然後再看化祿位置的方位。

特訓專區Q&A

Q1

太歲入卦是否要利用自己本身命盤的四化跟祿羊陀？

原則上是不用自己原本命盤的四化跟祿羊陀，但是在做深度解析的時候可以將這個資訊加回去，增加豐富度。

Q2

占卦判斷事情的時候，如果同一個時辰內有兩三個人該怎麼辦？

因為同時出現的這三個人生肖可能不同，所以地支會不一樣，或者如果生肖相同那可以純粹用時間區分，如果同一個時辰內三個人一起進來找你，可以利用當時的日天干跟月天干，最後一個再用時間，總之就是盡可能地找跟他有關係的數字去引動，並避開會重複的情況。

Q3 太歲入卦可以利用疊宮嗎？

可以的，第一個問題提到了是否可以用原本的四化跟祿羊陀，就是因為可以使用疊宮，所以如果覺得盤上訊息不夠，可以先放進原本的四化跟祿羊陀，再不夠可以加上疊宮，所以加上去的疊宮用的是命理師自己命盤原本的本命宮位，然後讓新產生的命盤疊在上面。（圖六十九）

圖六十九／原本的宮位疊上新產生的宮位

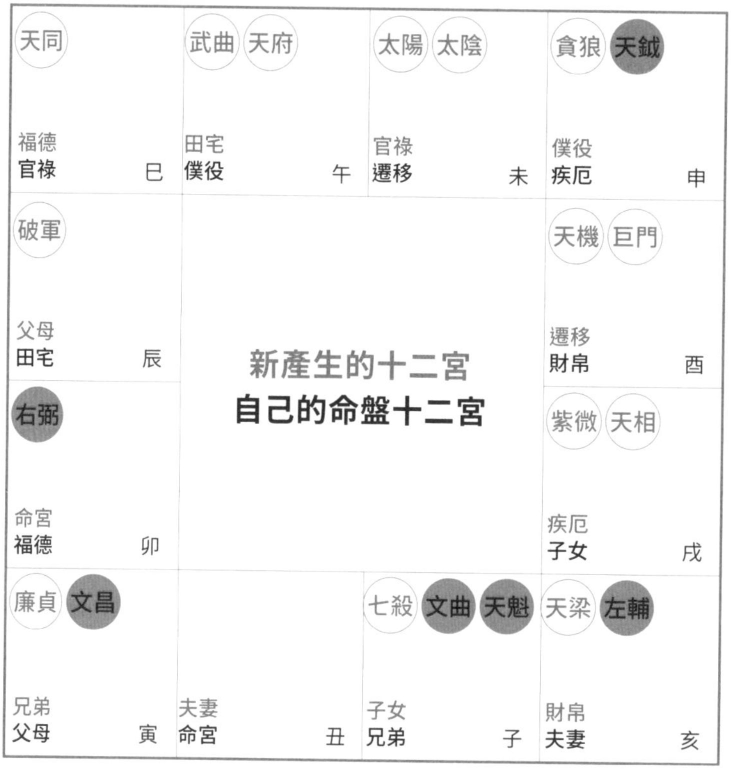

用這樣的方式形成疊宮後，可能有人會問，如果用了命理師的四化跟祿羊陀，不就找這個命理師問事的人，都會問到一樣的答案嗎？或者是每次都用命理師的命盤會少了客觀性吧？其實並不會有這個問題，因為這個人是來找你問事，為何沒有找別人問事，這本身就是一份緣分，也就是一個不確定因素，因此這個人跟你本來就有關係跟關聯，加上我們還是需要用亂數去取得新命盤的宮位，我們並不知道宮位排列如何，所以不算是在預期內的。加上紫微斗數本身是個排列組合高達二十六萬種的龐大系統，並且十二張基本盤的排列組合是經過計算的，結構相當完整，對於好壞運的安排相當平衡，即使是取得其中一張盤搭配天干跟地支的變化，至少可以產生出一百二十種變化，這已足夠回答出大部分問題，如果加上疊宮跟原本命盤的變化則是一萬四千四百種，超過大多數占卦系統的排列組合。

Q4 太歲入卦可以看流年嗎？

可以。流年也是當下的運勢跟問題，只是如果是命理師要看自己的話就不用這麼麻煩，可以直接用自己命盤就好了。如果是沒有命盤資訊可以取得的客人，只要問題是希望知道這個人今年運勢如何，還是可以形成一張盤來討論這個人的流年，只是這時候因為我們受到流年外在環境的影響，所以面對這樣的問題，我會直接使用今年流年的天干，而不是去取數。

另外，占卦要盡可能地取得跟問題有相關資訊，而非亂算，例如自己在家裡面取個數字來算今年房地產是否升息。除非命理師具備強大的靈力與功力，或者自己是可以決定是否升息的成員之一，或者自己是會大幅度受到升息影響的人，否則這一類純粹問好玩的事情可能就太為難自己的靈魂了。

★ 新手村通關小測驗 ★

小明想知道自己公司是否快倒閉了，隨機占了一卦，請問該看占卦命盤的命宮、財帛宮還是官祿宮，原因為何？

答案／

原則上三個宮位都要看，公司倒閉如果會造成自己嚴重的財務缺口，那麼要看財帛宮；如果只是失去工作但是反而讓自己可以轉職到更好的職位，那或許官祿宮不用考慮；如果會讓自己失業沒有工作，那麼官祿宮也要看，至於命宮當然也要看，因為自己當下的生活可能會受到影響。

第四步

專業高階解盤手法：快速斷盤

看到命盤就可以馬上說出諮詢者要問的問題，除了前面介紹的太歲入卦技巧，在有命盤的情況下還可以使用哪些方法呢？紫微斗數因為已經是一套龐大的綜合命理學系統，包含命理、占卦、風水與布局等全方位的五術應用體系（因為時代環境的需要，紫微斗數作為皇室御用數術家的專業訓練體系，當然需要全方位皆懂），所以一直有個推廣上的問題，就是過於龐雜繁複，讓人感覺十分難使用，不如許多簡單的命理學，或是被認為不如近代西方傳入的如塔羅、盧恩符文等命理學好懂，也就造成學習紫微斗數的人只單純學習到命理的部分，將它當作與八字相同的東西，甚至為了簡化方便，也只做為如東方占星學一般，單就星曜去做簡單狹隘的解釋，不但浪費了紫微斗數原本的強大能力，還扭曲了它的實用性。其實只要了解其中的原理，就能夠從龐大的體系中，將某些部分抽離出來，做出簡單而快速的應用，但卻無損準確度。

我的第一本命理書《紫微攻略1》就是使用這樣的方式，利用煞星、化忌對命盤的影響，以及宮位變動後星曜才會產生變動的原理，導出「煞忌交會」的斷盤手法。這樣一來，讀者只需要基本的命盤觀念與疊宮觀念就可以快速地斷盤，不需要大幅度地去學習星曜的變化，這些是我自己常用的快速手法，因為明確具有邏輯而且條理分明，所以一開賣就大受歡迎，長銷再版不斷。在本書，將介紹另外幾個各家好用的小技巧，幫助各位讀者在開業時增加諮詢者對自己的信賴感，也提升解盤速度，能夠很快速地抓出一個方向。

★陀羅所在的宮位是自己需要面對的功課

陀羅星所在的宮位通常都代表我們需要去處理或是無法快刀斬亂麻、當機立斷做決定的事情。透過本命和運限命盤的不同，可以分辨出是自己的個性問題還是當下的情況，例如陀羅在本命夫妻宮，本命盤是影響一生的，所以感情會是這一生的功課；如果是在流年夫妻宮，則是這個流年裡感情會是讓自己很麻煩的事情，這時候還需要看裡面是什麼星曜，如果是流年夫妻宮有武曲，並且加上陀羅，而且有對象在身邊，依照前面的條件，我們就可以引導出這個人在今年因為外界環境的影響（流年命盤），在感情上（夫妻宮）會跟另一半在金錢價值觀或金錢往來上（武曲）有些問題，而且是他覺得不好解決的問題（陀羅）。

正因為陀羅這樣的特質，所以只要掌握好陀羅的位置，就可以知道個人功課是什麼，像是這個大限總是有什麼事情讓自己不知道該怎麼辦，以及今年哪個宮位的事情讓他煩心不好處理。再厲害一點，可以對應星曜，利用星曜的特質說出這個陀羅影響自己不知道該怎麼處理的情況為何。而陀羅會有用運限盤產生的陀羅，這在一般命盤上是看不到的，需要透過命盤自己去推算，所以當你看著一個乾淨沒有煞星的宮位與命盤時，卻說出這個人今年可能跟朋友有金錢上的問題（流年僕役宮有陀羅跟武曲破軍），既可以快速回答問題，又可以馬上抓到命盤重點，讓人覺得很厲害，立刻提升信賴感。

★化忌讓人有空缺而想追求

忌是一種自我內心的尋求，為何會尋求？當然是因為有空缺才會尋求，所以化忌所在的宮位會是當下覺得不滿足的地方。而四化都要依照星曜而變化，所以需要考慮每個星曜本身的基本價值，也就是前文提到的「化氣為什麼」。如果是太陽化忌，這是因為自己對這個宮位內的事情，希望能夠主導一切，例如他會覺得在這個太陽所在的宮位內，他就是要當能夠決定事情的人，但是這番態度可能讓其他人不開心，所以表示這樣的態度可能讓這個宮位所代表的事，反而更加無法呈現或做不到，例如本命僕役宮有太陽，表示希望在朋友圈能夠是主導一切的人，有威望。雖然希望要成為這樣的人，但是自己的僕役宮化忌了，產生空缺，這就像一個人，希望在朋友群中大家都要聽他的，結果反而朋友跟他疏離。

因此，化忌所在的宮位往往也是一個人覺得空缺的所在，當然這時候會區分運限盤與本命盤，區分每張盤的功能。如果有人是流年官祿宮太陽化忌，這表示這個人在工作上希望被當成領導人物，期待受到尊重，但是這樣的態度反而讓他在工作上覺得自己很辛苦得不到回報。如果陀羅所在的位置通常是最讓人有感的地方，那麼把這個人從本命、大限到流年的化忌位置說一輪，也會讓人覺得這個老師很了解他的內心。

★疊到的宮位是當下在乎的事情以及受到的影響

疊宮的用法也是紫微斗數很重要的技巧，初學者學習過程中最痛苦的問題，通常是無法順利地說出下面的宮位如何影響上面的宮位，並且搭配星曜去解釋，對此我們可以有簡單的方法讓自己馬上展現出使用疊宮的能力。

首先我們需要知道，生命中會有許多事情發生，但是只有對我們人生具備一定程度影響力的事件或感受，才能夠讓我們產生記憶，也只有這樣的情況才能夠在命盤上顯示，所以我們需要知道的是：宮位內產生了事件或變化出現。例如流年夫妻宮有煞星，有化忌，對宮還沖過來一個化忌，這幾乎可以說這個流年感情會出問題。到這個部分為止，只要稍有前面的斗數理論和練習就可以做到，但是如果你能說出感情中出現問題的原因，就會讓客人感覺命理師具備了較為深厚的能力，或者是找尋命盤問題的時候，至少可以有一個方向。這個時候疊宮就能派上用場了，也就是說如果流年夫妻宮疊到本命官祿宮，這就可以說今年跟另一半的紛爭可能來自於工作，問題可能來自於XXX，這個XXX說的就是下面那個宮位的涵義，反過來也可以說「XXX造成了這個問題」，這樣的語法是解釋疊宮時的基本結構。當然我們還是需要套入星曜的解釋，也要分析是哪一張命盤的哪個宮位，以及宮位跟宮位之間的交叉比對後，篩選出正確的宮位涵義，但是在無法馬上精確地說出疊宮涵義時，這樣簡單的解釋往往也可以達到效果。

另外，運限盤命宮所疊到的本命盤宮位也代表這一年自己在乎的事情，這也是一個判斷技巧，例如我的流年命宮疊到本命盤財帛宮，所以這一年跟財帛有關係的事情，就會是我在意的事情（當然並非一整年只在乎財帛），因此我只要去檢查流

年財帛宮，看看流年財帛宮的情況，就可以分析出他今年可能會關注的事情。（圖七十、七十一）

相對於許多命理師只是一個一個地解說十二宮，用這樣的方式效果會好很多，能馬上抓到重點，找到對命主來說重要跟需要知道的資訊。

圖七十／流年命宮疊本命財帛宮

流年福德 夫妻 巳	流年田宅 兄弟 午	流年官祿 命宮 未	流年僕役 父母 申
流年父母 子女 辰			流年遷移 福德 酉
流年命宮 財帛 卯			流年疾厄 田宅 戌
流年兄弟 疾厄 寅	流年夫妻 遷移 丑	流年子女 僕役 子	流年財帛 官祿 亥

圖七十一／注意流年財帛宮

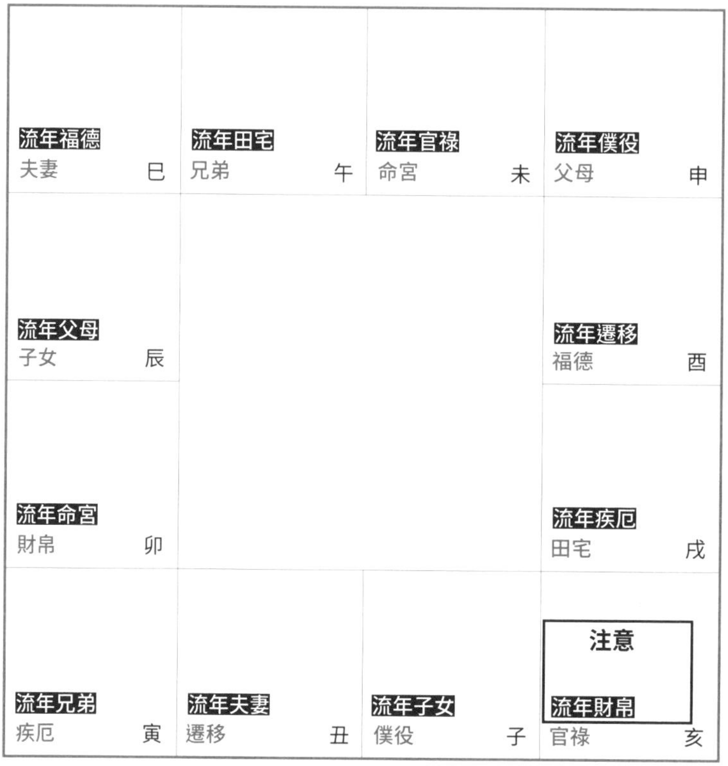

第五步

利用數字與紫微斗數的系統也可以占測：數字紫微

學習易經的人都知道，易經談的是天地間的數理象，所謂的數理象，就像前面提到的世間萬物一定都有彼此之間的關聯性，而非單獨的存在。這就像佛教說的宇宙是由因緣而組建出來，所以世間的各種現象其實都是在一個軌道之上運行。而這些現象在什麼樣子的軌道上運行，我們可以透過數字來取得，由隨意取得的數字去連結宇宙的現象軌跡，進而推算出軌跡的路線。為何是數字呢？這是因為數字其實是人類文明中最早被了解與認知的產物，也是任何事物最原始的表現，任何事物現象都可以有數字包含其中，所以取得數字就是取得最原始、基本的蛛絲馬跡，最後再利用一個足夠龐大的解讀體系去解讀，而紫微斗數正好是具備足夠龐大的運算變化的系統，因此我們可以取一個數字後，套入這個系統去解讀（這樣的觀念即是所謂的數字靈數、數字易經的基本原理，同樣地也可以放在紫微斗數中，並做出更複雜的運算，因為斗數的應用體系更加龐大）。這裡我們介紹的是其中一種基本的應用手法。

各類應用數字的命理技巧，不外乎是將隨意取得的數字做一個歸納，重組成0～9十個數字，然後加以搭配，所以數字的命理系統變化推論在紫微斗數中，有所謂的四化體系，也就是依照十個天干，星曜會產生四種變化，因此我們可以利用這個體系對命盤產生的變化做出推算，使用的方法如下：

1. 在心中想好要問的問題，問題越清晰越好，越空虛的問題越需要命理師的功力，所以在剛開始練習時，盡可能地釐清問題，例如：「他是否愛我？」就會比「我今年的愛情運勢如何？」更為清晰。

2. 然後取出一個數字，最好跟這件事情有關係。例如「他是否愛我」這個問題，可以使用他的出生時間、彼此相遇的時間、他家的地址……等等跟數字有關係的部分，或者他的電話號碼也可以。找到數字之後，利用加法將之歸納成一個數字，例如他是1987年9月6號生，可以用1987+9+6=2002，2+0+0+2=4，取出數字為4，歸納的方式可以有各種方法，不過剛開始練習時，建議用同一種手法，重點是不能是可以被預知的數字。

3. 有了4這個數字，再去對應十天干（甲乙丙丁戊己庚辛壬癸）。假設以1為甲、2為乙……，依此類推，0是癸，所以取出來的數字4的天干就是丁，丁的天干對應四化是太陰化祿，天同化權，天機化科，巨門化忌。

4. 這時候再依照問題去想像，這個問題如果是在命盤上，我們應該要看哪一個宮位。如果問題是「他是否愛我」，看的就是夫妻宮，我們就可以試想，如果有一個人要來算命，問感情說：「請問這個男人是否愛我」，而我們看到他的流年命盤上的夫妻宮是「太陰化祿，天同化權，天機化科，巨門化忌」，你會做出麼解釋呢？這個解釋就是他需要知道的答案。（圖七十二）

因為問題與感情相關，
因此取「流年夫妻宮」的意義來理解

取數 4，取天干「丁」 **綜合以上訊息，** **視同流年夫妻宮內有：** **太陰化祿** **天同化權** **天機化科** **巨門化忌**

圖七十二／流年夫妻宮有太陰化祿等等星曜在裡面

可以看出來，這個男生應該異性緣不錯（太陰化祿），並且身邊應該有不少對象，而諮詢者希望能好好掌握他，但是對方應該玩心還重（天同化權），而且聰明又不喜歡一成不變，所以諮詢者與他在一起時需要多動點腦筋（天機化科），並且這個人會讓諮詢者內心有許多的不安，也因此兩個人往往會因為不安全感吵架（巨門化忌）。

透過這樣的方式就可以很快速地解答問題，並不需要打開整張紫微斗數命盤。這個方式也可以用在許多地方，這裡只是做一個簡單的介紹與示範。

Q1 通常以小限為主還是流年為主呢？

一般來說，目前的主流都是用流年，因為現代外界環境對我們深具影響，因此在學習上和使用上大多是用流年，但是隨著二〇〇〇年千禧年之後，科技的改變與社會的變動，我們更加注重個人權益跟展現，所以代表著個人意志的小限也越發重要，因此，我通常兩種都會看，但是建議初學者看流年就可以，避免學習上的混亂。

Q2 如果流年有血光，該怎麼判斷是否嚴重呢？

要看看是否這個大限也有一樣的跡象，如果大限也有，那表示今年的血光影響的時間可能會是好幾年，這就是嚴重的血光。

Q3 怎麼判斷會不會離婚呢？

除了需要具備離婚的跡象之外，離婚是兩個人分開了，所以會有感情破裂的跡象，並且離婚也是兩個人的約定被破壞，所以也會有所謂的官非跡象。不過，這一個問題要問的往往是「兩個人吵架吵到要離婚，是否真的會離婚」，這時候就需要看陀羅星，如果陀羅星在運限的夫妻宮可能就會有拖延的機會，就有挽留婚姻的可能（所以不能全然地用負面的評價去論定煞星）。

Q4

看盤的時候到底要用前面章節的解盤SOP？還是用這一章的高階技術？

這就要從使用方向來認定，如果你只是希望很快速地解決問題，其實應該用本章提及的高級命理師手法來快速解決問題，或者在使用解盤SOP之後，了解了命主的問題，然後搭配使用這些高級手法。如果你單純只是想了解整體運勢情況，那麼就回到解盤SOP的流程。

★ 新手村通關小測驗 ★

西元 1964 年 2 月 13 日 00:30 出生的女性，在知道她已婚的狀況下，如何判斷於第四大限離婚？（圖七十三）

答案／

第四大限命宮和遷移宮為天相對宮武曲破軍且有鸞喜，可見是具備了桃花星，而且雖為已婚之人，但是自身再度紅鸞星動（心動）。大限夫妻宮和官祿宮疊本命父母宮和疾厄宮，且有本命的擎羊、紫微貪狼，紫微化科，這表示具備動力，並且使之發生，因此推斷第四大限離婚。

武曲 平 科 破軍 平 權 孤辰 天廚 天空 天巫 天喜 絕 6 18 30 42 54 66 晦氣 劫煞 大耗 96/105 己 巳 田宅	太陽 旺 忌 蜚廉 鳳閣 臺輔 天才 天壽 墓 5 17 29 41 53 65 喪門 災煞 病符 86/95 庚 午 官祿	天府 廟 天鉞 天官 天傷 死 4 16 28 40 52 64 貫索 天煞 喜神 76/85 辛 未 僕役	天機 得 太陰 利 天馬 截空 解神 龍池 病 3 15 27 39 51 63 官符 指背 蜚廉 66/75 壬 申 遷移
天同 平 文曲 得 左輔 三台 胎 7 19 31 43 55 67 歲建 華蓋 伏兵 106/115 戊 辰 福德			紫微 旺 貪狼 利 恩光 天福 天使 天刑 月德 衰 2 14 26 38 50 62 小耗 咸池 奏書 56/65 癸 酉 疾厄
擎羊 陷 天貴 養 8 20 32 44 56 68 病符 息神 官符 116/125 丁 卯 父母			巨門 利 鈴星 廟 文昌 陷 右弼 八座 天虛 天月 帝旺 1 13 25 37 49 61 大耗 月煞 將軍 46/55 甲 戌 財帛
火星 廟 祿存 廟 封誥 天哭 旬空 陰煞 身 長生 9 21 33 45 57 69 吊客 歲驛 博士 6/15 丙 寅 命宮	廉貞 利 祿 七殺 廟 天魁 陀羅 廟 寡宿 破碎 天姚 沐浴 10 22 34 46 58 70 天德 攀鞍 力士 16/25 丁 丑 兄弟	天梁 廟 冠帶 11 23 35 47 59 71 白虎 將星 青龍 26/35 丙 子 夫妻	天相 得 地劫 地空 紅鸞 臨官 12 24 36 48 60 龍德 亡神 小耗 36/45 乙 亥 子女

圖七十三／命盤解讀練習

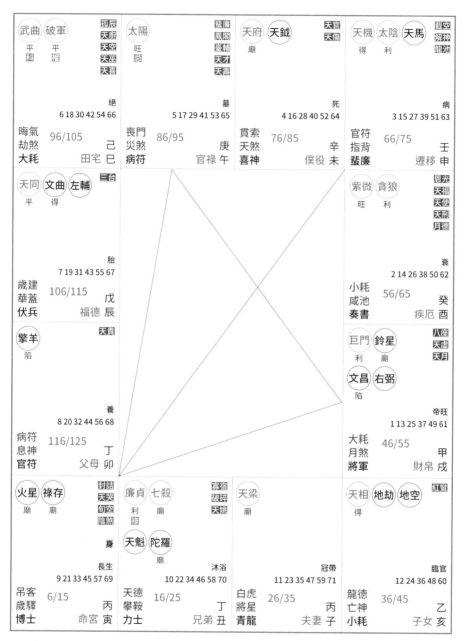

第六步

進入高手村必備：神奇的飛化技巧

飛化，這個幾乎只有在台灣流行的紫微斗數技巧，卻是讓許多命理師備感神奇的技術。其實飛化技巧起源自紫微斗數最早的源頭之一——易經。只是相對於原始的易經，紫微斗數更多了因為占星學而產生的嚴謹結構，而不只是易經的占卦而已（當然易經也從來不只有占卦或者只是一本訴說人生大道理的書籍，只是後人的解讀才會給我們這種印象）。有趣的是，飛化的手法完全不見於其他地區的紫微斗數流派，幾乎獨存於台灣的紫微斗數流派中，雖然現在因為資訊發達，有許多地區的紫微斗數流派也出現飛化手法，但是幾乎都是從台灣所學；而且這個技巧完全不見於任何古書，而在台灣所流傳的也通常來自一個很武俠的故事套路：某個老人出現在某個後來成為知名命理學家的年輕人面前，給了他一本秘笈，從此這個年輕人彷彿得到真傳，擁有了絕世秘訣，因此開宗立派。

關於這個故事，更大的可能性是這個知名老師天資聰穎，在學習命理的過程中融合或整理了前人的智慧，發現了一個沒有被其他人發現的手法。如果深入究其原由，可以發現其實擁有飛化手法的早期流派不只一位，並且當時的飛化手法還不完全，是流派之間彼此偷師，慢慢地有人整理成一個比較完整的體系。因為當時時空背景的關係（剛好是台灣的五〇～七〇年代），整個社會環境很適合命理的發展，加上清朝所留下的命理師與典籍都隨著國民黨來台灣，因此給予了紫微斗數在台灣極好的發展基礎，最後將紫微斗數中原本就存在的易經使用手法，給予一個新的樣貌而展現在世人面前。當然，一如既往地，必須附會一個神話故事或傳奇故事，好讓這個方法更加迷人更加值錢，這也就是傳說中飛化手法是來自於華山道士不傳秘技，因為受到明朝皇帝迫害而流傳出來，或者說這是九天玄女所傳等等這類的故事。

了解命理學基本原理的人就可以知道，命理學建構在對宇宙運行軌跡的掌握，如果宇宙運行具備一定的軌跡，軌跡的產生便來自於世間人事物彼此的因緣（所有的事物彼此都有關係），西方觀點的蝴蝶效應就是其中一種解釋，那我們就可以利用一個點去尋找另外一個點，也可以在尋找的過程中找到彼此間的軌跡，也就是彼此間的因緣關係，這是易經的占卦基本原理。紫微斗數則是將原本存在於易經中的宇宙，用命盤建構出更清晰的面貌，讓我們更方便使用與掌握。依照這個原理，命盤各宮位自然而然會彼此產生關係，而宮位的狀態又會受到宮內星曜的影響，因此，各宮位彼此的影響就來自於各宮位對另外宮位星曜的影響，而星曜的變化讓宮位產生了變化。（圖七十四、七十五、七十六）

圖七十四／宮位彼此影響，A 宮位影響 B 宮位

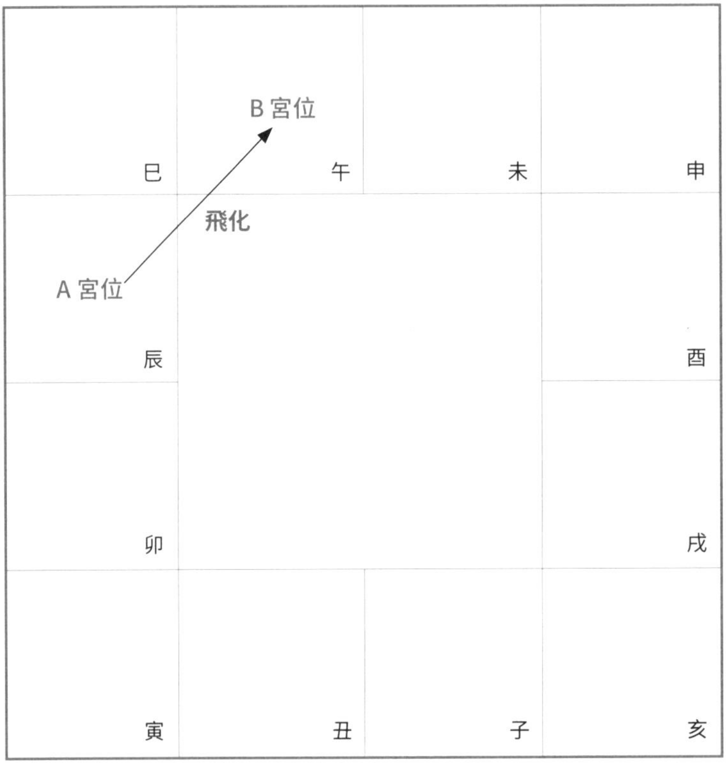

圖七十五／宮位先影響星曜再影響宮位，A 宮位造成 B 宮位貪狼化祿

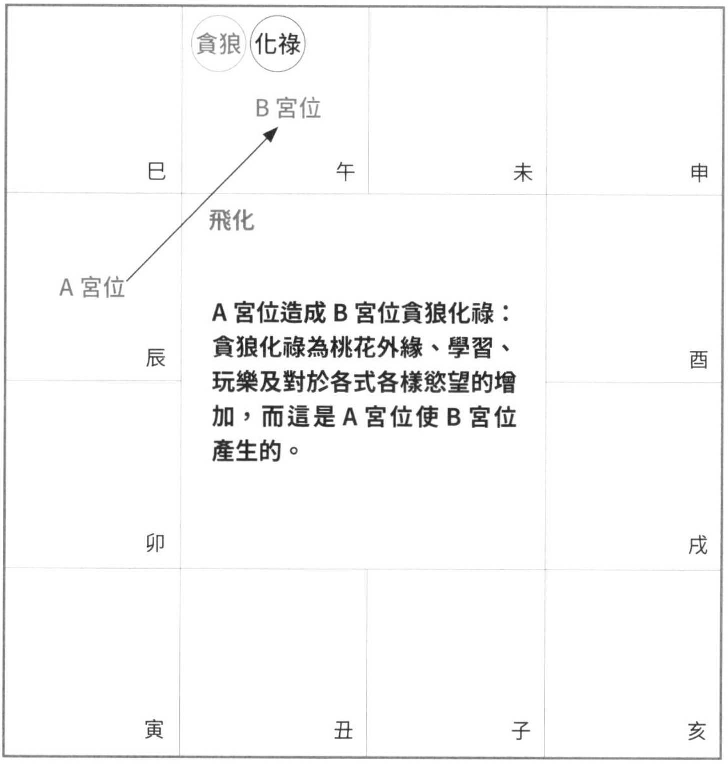
貪狼
化祿
B 宮位
巳
午
未
申
飛化
A 宮位
A 宮位造成 B 宮位貪狼化祿：貪狼化祿為桃花外緣、學習、玩樂及對於各式各樣慾望的增加，而這是 A 宮位使 B 宮位產生的。
辰
酉
卯
戌
寅
丑
子
亥

圖七十六／A 宮位化祿到 B 宮位

A 宮位財帛宮武曲七殺，造成 B 宮位田宅宮太陰化祿

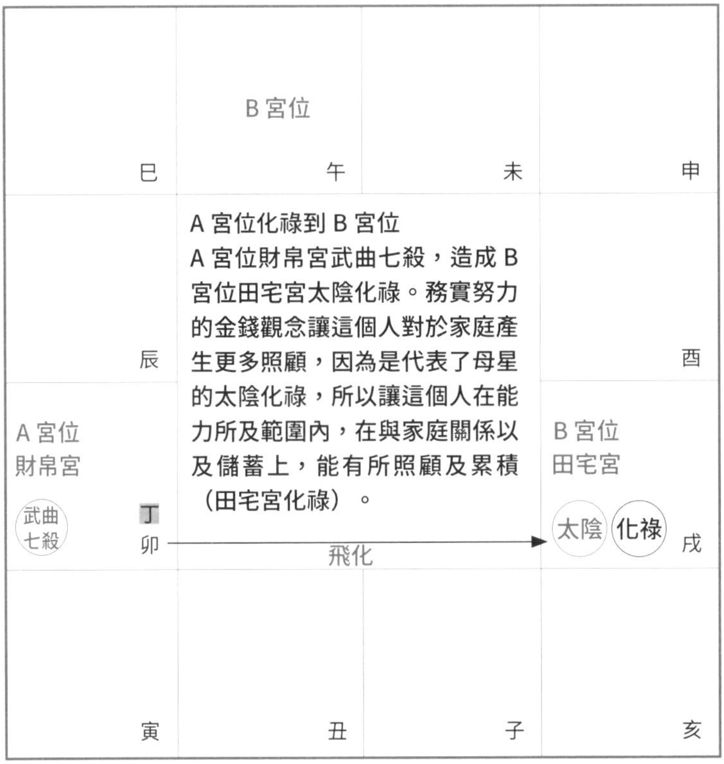
B 宮位
巳
午
未
申
A 宮位化祿到 B 宮位
A 宮位財帛宮武曲七殺，造成 B 宮位田宅宮太陰化祿。務實努力的金錢觀念讓這個人對於家庭產生更多照顧，因為是代表了母星的太陰化祿，所以讓這個人在能力所及範圍內，在與家庭關係以及儲蓄上，能有所照顧及累積（田宅宮化祿）。
辰
酉
A 宮位
財帛宮
武曲
七殺
丁
卯
飛化
B 宮位
田宅宮
太陰
化祿
戌
寅
丑
子
亥

這樣就構成一個基本飛化的完整解讀，十二宮之間都可以彼此影響，也符合了我們一直提到的看一張盤需要以十二宮整體性去評估，才是紫微斗數真正在使用的方式，因為人的生命軌跡不可能單獨存在。在這樣的基礎下，飛化還可以有幾個進階版的應用，以及特殊例子：

★ 1. 自化

所謂的自化，是因為這個宮位的宮干所產生的四化其中有一個或兩個不是對其他宮位產生變化，而是對於自己的宮位內星曜產生變化，例如宮干是甲，宮位內有太陽星，甲干的四化是太陽化忌，所以可以說這個宮位的宮干「自化忌」（圖七十七）。

這部分對於許多討論飛化的流派來說有許多分歧的說法，有的說自化不重要，有的說自化很嚴重。對此，我們只需要從飛化的基礎邏輯去看就可以理解。既然飛化是十二宮彼此之間的影響，這個自化當然就是「自己去影響了自己」，也就是自

圖七十七／太陽自化忌

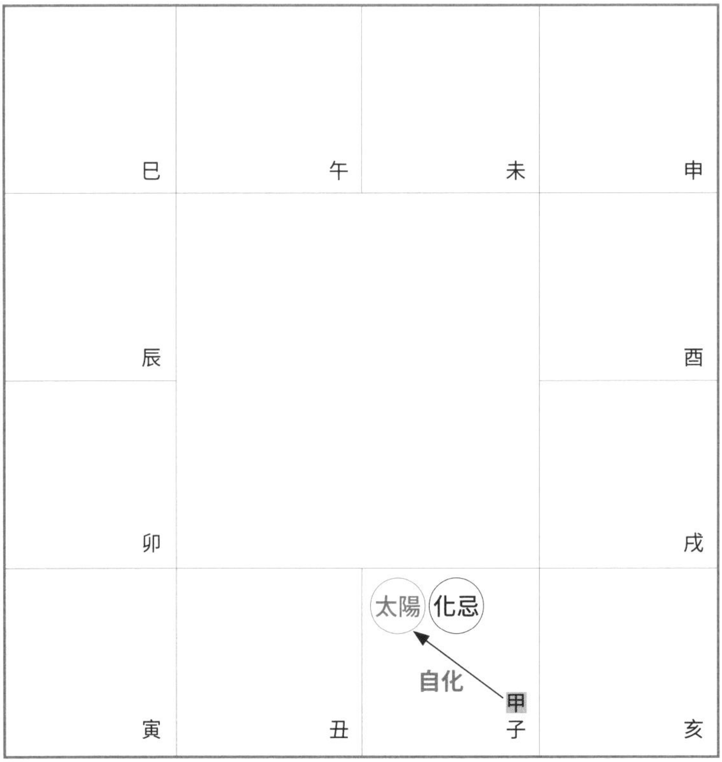

己覺得自己應該是如何，這種自己影響自己的事情，自然而然就是可大可小了。例如自化科，我自己覺得自己美、我自己覺得或造成自己的名聲，這可以是因為自己真的美，加上自己覺得自己努力地加強外貌，這當然會越來越美；但是如果客觀來說不是真的美呢？這或許可以說是因為自信而生的魅力，不過難免也有孤芳自賞但是外人嘔吐的局面。所以才說是可大可小。

這就不免提到四化來自於星曜的變化，所以探討「哪一顆星曜產生變化」很重要，許多討論四化的流派或書籍最大的問題就是，只討論四化而不討論星曜，這是本末倒置的，就像一個人說他愛你，但是他的愛是給錢，而你需要的愛是給時間，那麼他的愛對你來說就算不上是愛了。四化也是如此，需要看是什麼星曜產生的四化，再去對應宮位，才能知道產生的影響力多大，否則收錢雖然很開心，客觀來說好像是得到寵愛，但是對於需要時間陪伴的人來說卻只是聊勝於無，算不上真愛。因此，以前面自化科的例子來說，自己覺得自己漂亮，其實通常都是桃花星化科才有用，或者主星不化科但是至少有個屬於桃花星的輔星在旁邊或對宮才有用，這表示本身具備了基本美貌，其餘往往都是自信產生的魅力。

★2. 各命盤之間的飛化（一）

從本命盤建構出一個人的基本特質之後，斗數還能夠搭配時間的變化，衍生出各種運限盤（大限、流年、小限等等），並且利用每個盤之間的縱向關係產生疊宮，用長時間的那張盤去形成短時間那張盤上面產生現象的原因，也就是說長時間那張命盤是背景。既然這是斗數的基本原則，那麼飛化當然也可以這樣使用，例如大限的夫妻宮代表這十年來我的感情態度跟現象，這個十年的感情狀態當然也會影響我當下的理財、健康、交友等等的各種現象，這就是大限的夫妻宮會產生四化給流年的十二宮。（圖七十八）

圖七十八／大限四化至流年盤

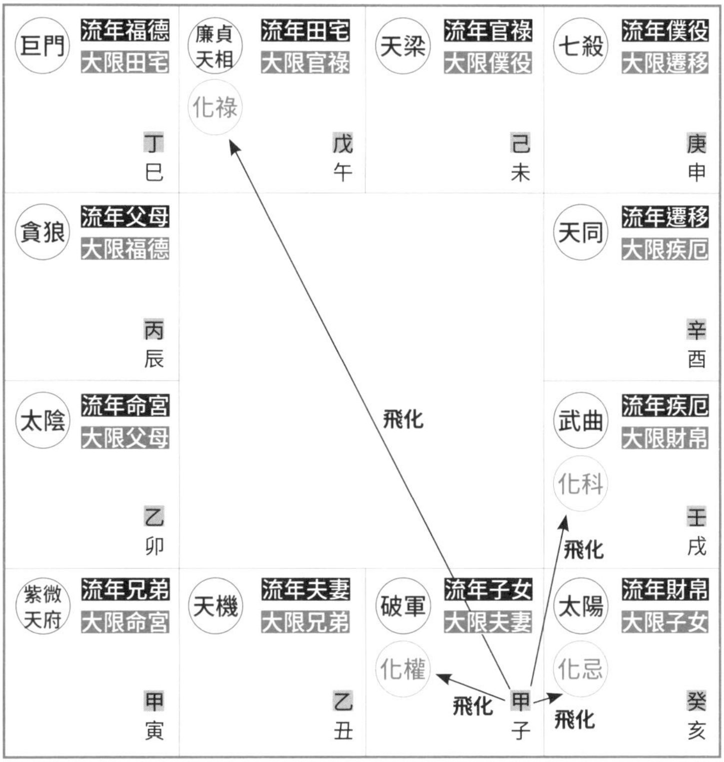

我們也能夠以此看到當下某個宮位的情況，可能是深受了這十年來或是天生的某個宮位價值觀的影響，例如本命盤的財帛宮武曲化權，並且宮干化忌到流年夫妻宮，讓流年夫妻宮產生太陽化忌，這就表示我天生務實的價值觀影響了我現在對待感情的態度，希望另一半要聽我的（太陽星有為了你好，希望你要照我的意思去做的特質）。聽我的什麼呢？我的理財價值觀（本命的財帛宮）；而這樣的想法跟作為造成了我跟另一半可能會不太開心，讓我覺得感情空缺（化忌在夫妻宮）。（圖七十九）

所以，飛化不只是能在同一張盤上產生影響，也可以在各種命盤上發生影響力，這是飛化的高階用法，但是通常會建議初學者先從單一的一張盤去練習，等到熟練了「A宮位造成B宮位如何」，以及能夠搭配宮位裡的星曜解釋的時候，再練習這類各種盤之間的飛化，這就會讓命盤變得十分靈活。延伸前面提到本命財帛宮的例子，假如原本的流年夫妻宮可能在桃花星化祿的狀態，本該跟另一半關係不錯，卻發現本命某宮位對流年夫妻宮產生化忌，這表示原本關係不錯的兩人在遇到財務方面的觀念，可能就會起衝突或不合，但是其它方面則不會。這是一般在命盤上看不出來的部分，如果不會飛化，就完全不知道問題背後原來有這樣的因素，這也是飛

圖七十九／本命財帛宮武曲化權，造成流年夫妻宮太陽化忌

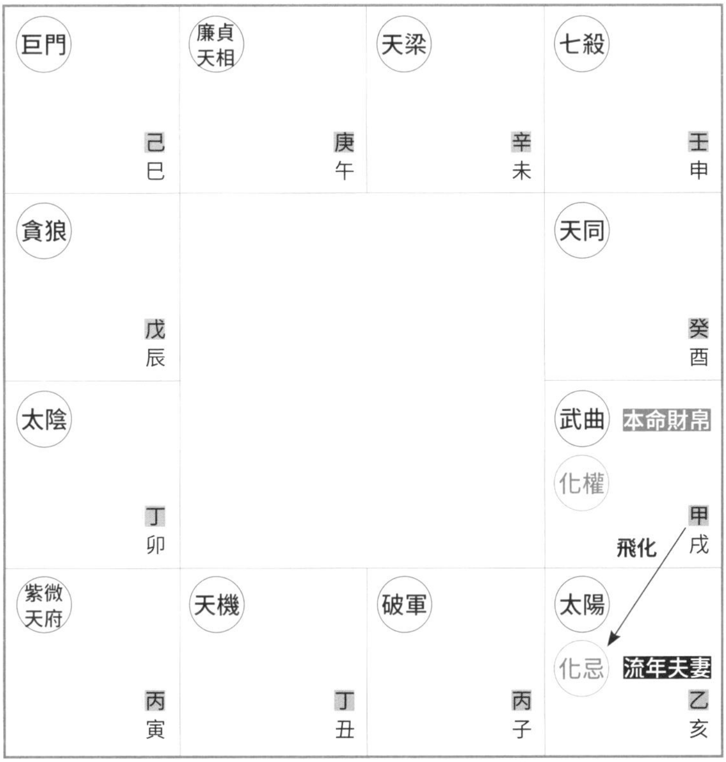

化如此迷人甚至被認為是紫微斗數高手使用的技巧的原因。不過，飛化的使用需要建立在星曜、宮位的基礎上，如果沒有建立前面提到的基本解讀星曜的能力以及解盤的邏輯，只單純地討論四化，往往容易變成背書，或反而把自己搞得更混亂，因為基礎不好就想飛，那摔下來也是很正常的事。

★3. 各命盤之間的飛化（二）

探究四化與飛化的基本原理可以知道，只要是對應代表時空環境的天干就可以引發變化產生，所以可以用出生年的年干代表本命盤上的四化，也可以是時間上的變化例如運限盤的四化，也可以是各宮位彼此的變化，這是飛化的基本應用，既然可以如此，那人與人之間當然也可以利用這樣的觀念來使用飛化，也就是利用另外一個人的命盤上的出生年干，以及他的命盤十二宮的宮干，對我們的命盤產生飛化的影響力。（圖八十、八十一）

圖八十／他人的出生年干（例如 1987 年），在我的命盤上產生四化

巨門 化忌 巳	廉貞 天相 午	天梁 未	七殺 申
貪狼 辰	他人 1987 年出生，天干為丁 造成我命盤上太陰化祿、天同化權、天機化科、巨門化忌。		天同 化權 酉
太陰 化祿 卯			武曲 戌
紫微 天府 寅	天機 化科 丑	破軍 子	太陽 亥

圖八十一／他人命盤的十二宮宮干，對我的命盤產生飛化

這類的飛化應該怎麼解釋呢？不同人的命盤彼此產生影響力，基本上要看與這個人是什麼關係，需要依照彼此之間的關係去論定，然後再搭配飛化的應用與解釋邏輯：

例如我的財帛宮造成夫妻宮武曲化忌，一般會說是「財帛宮化武曲忌在夫妻宮」，意思是我的理財觀念造成我在感情上往往太過於務實，重視實際價值，所以讓我在感情上產生空缺感，也容易因為這樣的觀念使我與感情對象有摩擦。（圖八十二）

但是如果這個財帛宮不是我的呢？而是我的另一半的財帛宮呢（圖八十三）？這時候就可以解釋成，我會因為另一半的財務觀念而覺得自己在感情中有所空缺，我們兩個人會因為財務觀念不同而覺得不了解彼此（感情有空缺）。但是在感情上有空缺，不見得是不好的事，因為在感情中人往往會希望將對方改造成自己心目中的樣子，明知做不到反而會更想做到，更加努力拉近彼此關係。

圖八十二／我的財帛宮造成夫妻宮武曲化忌

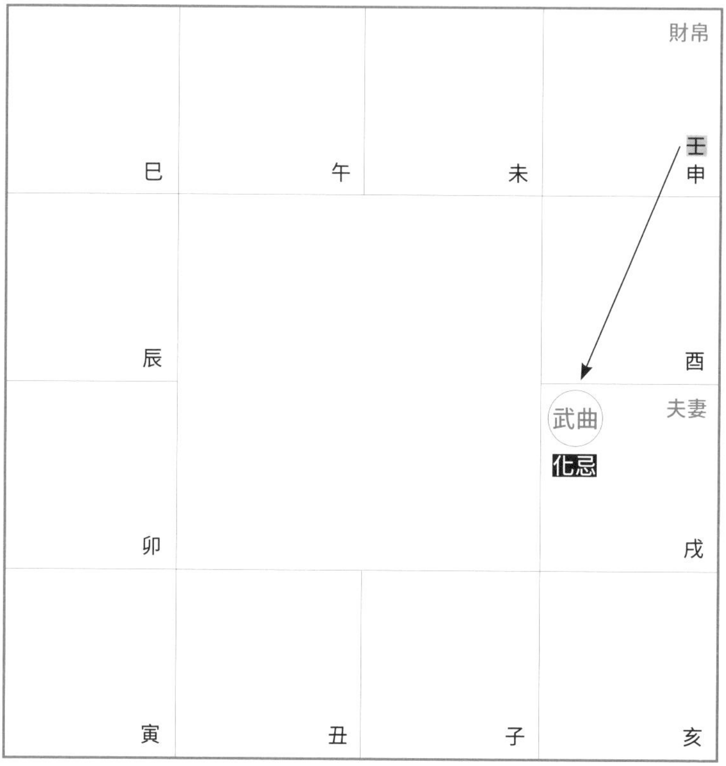

圖八十三／另一半的財帛宮造成我的命盤夫妻宮武曲化忌

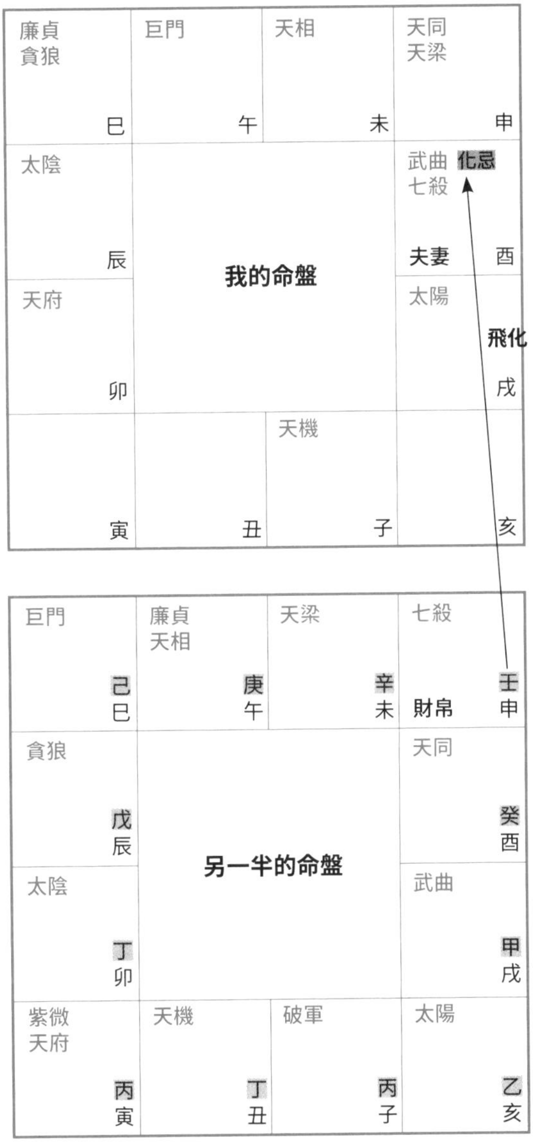

但是如果兩個人的關係不是情侶而是創業夥伴，這就完全是不同的論點了。這表示另一個人的理財觀念會造成你工作上的問題（夫妻宮也是官祿宮的對宮，是工作的內心想法與外在的表現）。既然這個人不是你的情人而是工作夥伴，這時候就要轉變宮位的涵義來解釋。所以這個飛化的技巧除了需要利用前面提到的各種飛化的解釋原理之外，更重要的是要搭配兩個人彼此的關係來解釋。

飛化技巧的運用讓命盤更加活靈活現，更加貼近真實生命的複雜變化，這是飛化迷人的地方，但是也因此容易讓人產生迷惑，覺得不可思議的同時，也對其升起各種不了解與不明白，因此容易被包裝成神祕的技巧，事實上無論多高級的技巧都是從基本功堆疊出來的，所以要學好飛化，只需要把基本功練好，並且遵守基本原則去使用，就可以避免飛來飛去容易遇到撞山墜海暈頭轉向的空難產生了。

特訓專區Q&A

Q1 常聽到飛化中有十三忌星棋譜，感覺很厲害，要怎麼學得好呢？

這就像星曜有格局一樣，十三忌星棋譜其實也是把各種飛化做出歸類，應用上也如同格局，並非只要星曜組成一定的組合形成格局，就一定會讓命運走得像那個格局所形容的樣子，還要需要搭配許多的條件，包含星曜的四化以及運勢走向。十三忌星棋譜也是，這是當初整理出飛化的前輩將各種化忌的形成狀態，整理成一個分門歸類，用意是讓學習者或使用者有一個基本依循的方向，但是一樣要搭配各種條件。如果你理解飛化的基本原理跟結構，用基本原理去推演是不需要去背忌星棋譜的，而學習十三忌星棋譜如果不了解背後原理跟結構，也會像學星曜背格局一樣，只能淪於背書，在AI發達的未來可能都會被AI

打敗，畢竟AI比我們更擅長整理資料跟記憶。

Q2

飛化可以從本命飛大限，因為天生價值觀影響了當下十年運勢，這個很好理解，但是可以從大限飛本命嗎？這表示這十年運勢去影響了天生的命格嗎？

我們天生的性格會去影響當下的判斷，當然某個時間點的現象發生也有機會造成我們天生價值觀產生改變。例如被男友劈腿，從此覺得男人都是渣，或者因為被朋友倒帳從此覺得朋友不能相信，可見運限盤上面的天干當然也可以造成本命盤上價值觀的影響，只是需要注意如果是時間較短的運限盤，例如流年流月，對於本命盤的影響力就不會太大，以及其影響力對於本命盤產生的變化只會侷限在一年或數個月的時間內。

Q3 據說學飛化可以不用管星曜，是嗎？

這絕對是連飛化最基本原理都錯誤的用法，雖然不能說不管星曜是完全不對的，但是依照飛化的基本原理，使用這樣的論點也就只能一知半解地去解釋飛化。

Q4 飛化的邏輯該怎麼練習呢？

飛化的學習跟練習方法基本整理在前面的段落，許多人學習飛化學不好的主要原因有：

1. 跟學習星曜一樣，不能用背書的方式去學習具備高度邏輯的技巧。整個命理學都是邏輯推演，包含星曜的解釋也是如此，當你習慣用背書的方式去記憶星曜的解釋，剛開始很有用，但是久了就會發現程度停滯不前，因為剛開始你遇到的命盤不會太複雜，到後面看的盤多了就會發現背誦下來的資料庫根本不夠用，這時候人往往淪入學各種流派、方法，背更多的資料，但是仍然學不好。

學習飛化也是如此，許多書籍會將十二宮彼此飛化歸納為一百四十四種變化，告訴你命宮化忌十二宮是什麼意思、化祿是什麼意思，乍看覺得是一盞光明燈，實際上卻是妨礙學習的論點，因為飛化並非一百四十四種而已，加上星曜加上四化至少可以有數萬種組合。同樣地，命宮化祿十二宮加上十星曜化祿，至少是一百二十種解釋，如果是十二宮是一萬四千四百種，再加上四化就是五萬七千六百種解釋，以上還不含各類宮位跟煞星的組合。人腦根本無法記住這些解釋。一開始就錯誤的學習方式，會導致許多人學到暈頭轉向，似對似錯，最後淪為自說自話的解釋。

2. 不重視基本的疊宮跟星曜原則。任何的學問都需要從基本功堆疊上來，不只是命理學，音樂、運動、文學都是如此。我們都知道一個體能不好核心肌群無力的人學後空翻，怎麼樣都學不會，但是許多人學習命理的過程往往喜歡追求快速，七天學會八字，一天學會風水，三天學會紫微斗數秘訣，三個月保證開業當命理師，這類的廣告訴求、市場氛圍跟消費者心態，當然看到的聽到的訊息都會是簡化跟簡陋的。任何學問都不可能用這樣的方式學成，能夠預知未來透徹人心的命理學當然也不可能做到。急功好利地到處找資料看書，卻不願意從基礎學好星曜，也是許多人的飛化技巧難以用得順手的主因之一。

Q5 飛化比較重要還是疊宮比較重要？

兩個都很重要。

Q6 先看飛化還是先看疊宮？

這就要看問題的需求了，依照問題來使用技巧才是學習命理的基本邏輯，就像做菜應該是先炒還是先汆燙，這當然要看你要作什麼料理。

★ 新手村通關小測驗 ★

飛化練習

西元 1961 年 7 月 19 日 18:00 出生的男性，在知道他已婚的狀況下，試著以飛化方式解釋此男性在第四大限外遇。（圖八十四）

答案／

第四大限夫妻宮天機化祿、右弼，官祿宮太陰，此十年感情態度上有變動，在外有桃花的機會，同時有代表女性的右弼出現，還有來自大限田宅宮的宮干造成大限夫妻宮天機化忌，大限田宅宮廉貞天府、擎羊，表示在家庭關係上，家人之間有自己的原則與盤算不同的爭執，這樣的家庭關係造成自己在感情上的失去條理，產生空缺。家庭成員中與感情相關的對象是伴侶，因此推估夫妻感情失和使此男性想追求感情上的變化而外遇。

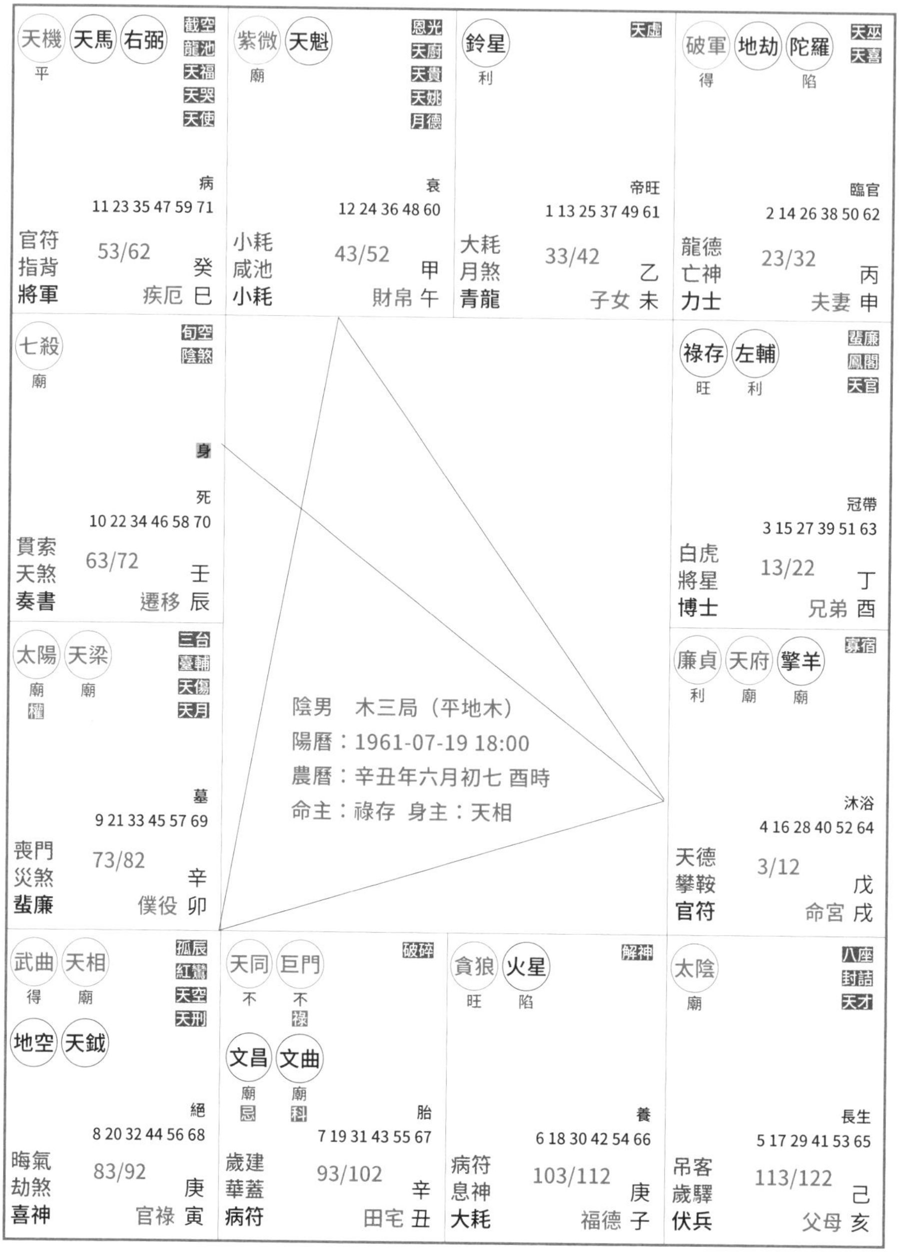
天機 平 天馬 右弼 截空 龍池 天福 天哭 天使 病 11 23 35 47 59 71 官符 指背 將軍 53/62 癸 疾厄 巳
紫微 廟 天魁 恩光 天廚 天貴 天姚 月德 衰 12 24 36 48 60 小耗 咸池 小耗 43/52 甲 財帛 午
鈴星 利 天虛 帝旺 1 13 25 37 49 61 大耗 月煞 青龍 33/42 乙 子女 未
破軍 得 地劫 陀羅 陷 天巫 天喜 臨官 2 14 26 38 50 62 龍德 亡神 力士 23/32 丙 夫妻 申
七殺 廟 旬空 陰煞 身 死 10 22 34 46 58 70 貫索 天煞 奏書 63/72 壬 遷移 辰
祿存 旺 左輔 利 蜚廉 鳳閣 天官 冠帶 3 15 27 39 51 63 白虎 將星 博士 13/22 丁 兄弟 酉
太陽 廟 權 天梁 廟 三台 臺輔 天傷 天月 墓 9 21 33 45 57 69 喪門 災煞 蜚廉 73/82 辛 僕役 卯
陰男 木三局（平地木）
陽曆：1961-07-19 18:00
農曆：辛丑年六月初七 酉時
命主：祿存 身主：天相
廉貞 利 天府 廟 擎羊 廟 寡宿 沐浴 4 16 28 40 52 64 天德 攀鞍 官符 3/12 戊 命宮 戌
武曲 得 天相 廟 地空 天鉞 孤辰 紅鸞 天空 天刑 絕 8 20 32 44 56 68 晦氣 劫煞 喜神 83/92 庚 官祿 寅
天同 不 巨門 不 祿 文昌 廟 忌 文曲 廟 科 破碎 胎 7 19 31 43 55 67 歲建 華蓋 病符 93/102 辛 田宅 丑
貪狼 旺 火星 陷 解神 養 6 18 30 42 54 66 病符 息神 大耗 103/112 庚 福德 子
太陰 廟 八座 封誥 天才 長生 5 17 29 41 53 65 吊客 歲驛 伏兵 113/122 己 父母 亥

圖八十四／飛化練習

結語

給新手以及曾經是新手的你

對這本書的完成與出版，我期待了許久。從我的第一本命理書《紫微攻略1》開始，我就用了與坊間完全不同的角度來寫命理書，目的是希望傳統命理學可以用科學化有邏輯的方式呈現出來，回復命理學的原貌（在古早的年代，命理學一定是當時的高科技，結果現在卻變成黑科技，讓大家看不懂）。我相信一門真正好的學問一定具備嚴謹邏輯的學理，不該只是神神祕祕或只是某一類的人可以使用的技術，這是我們學會以及我自己一直在努力的方向——從生活實用開始。

隨著《紫微攻略》系列書籍的大賣，持續受到讀者歡迎，我也下定決心要寫一本給予真正有心想學習的初學者的命理書，但是我不希望這只是一本如同流水帳般的名詞解釋，因為這就不是命理學該有的學習方法。因此，這一本書定位為給初學者的指南，以及給予學習者的學習方式重點總整理。書中將我們學會的課程內容做出完整的重點整理，包含學習方法與各種關鍵技巧，希望能夠給予初學者一個清楚的學習方向，了解正確的學習方法。有一定命理程度的人也可以利用這本書，重新檢視自己的學習過程是否因為熟悉了命理學而產生遺漏或忘記初心。而對於許多已經完成學習的人或是開業的命理老師，也可以將此書作為整理跟複習，看看是否執業多年後忘記了許多需要注意的細節。

學習命理如同學習任何知識，就是一門學問而已，並不需要什麼天命，或什麼神諭，這其實都是業者為了賺錢，或者老師想把自己包裝出更高的地位的話術。雖然所有的學問都講究天分，有的人有絕對音感，有的人有絕對的色彩辨識能力，但是有絕對音感並非就能夠成為偉大的音樂家，有高度色彩辨識能力也不見得成為偉大的藝術家，只能說擁有這樣的能力在學習的路途上，能夠走得比別人快而已，但是每個領域中烏龜超車兔子的也大有人在。學習命理的過程中，重要的是有理性思考，分辨出好的老師、對的學理就是一個好的開始，只可惜儒家教育在這方面給了我們巨大的阻礙。

命理學相較於其它學問，唯一不同的是命理是一個自我探知的過程，所以需要先學習理性地了解自己，才能夠慢慢地了解他人，當然也就可以開始逐漸地改變自己進而改變命運，行有餘力就可以幫助別人，這是命理學的迷人之處。

有的人在整個學習過程中會迷失自己，覺得有許多挫折，小至拿不到案例命盤（看來看去都是看自己的家人），大至找不到好的學習方法或者練習的機會。其實，拿不到別人的命盤，就用自己身邊親人的也沒關係，許多老師喜歡誇大自己看了一兩萬張甚至十萬張命盤，事實上別說看十萬張命盤根本不合邏輯（除非那十萬張都是亂看不用心），而是如果光以看盤數量來論功力高強，那麼以紫微斗數的排列組合來說，看十萬張也是不夠。話說回來，若要看一萬張命盤才能夠學得會，難道不是效率不彰嗎？所以即使只是看身邊的人的命盤，只要練習夠多、基本功夠好，拿同一張盤來分析其實可以一直往下挖深，有時候反而更能厚植自己的功力。我有個學生，只想了解自己，所以他永遠只看自己的盤，但是卻可以將自己的命盤解釋得十分深入，鉅細靡遺，可見基本功到達一個程度之後，即使看盤數量不多仍可以保有水準。

學習命理學，可以當作是一項好玩的興趣，所以我們推出許多有趣的免費教學影片，讓紫微斗數可以被生活化地應用，又可以保持很好的準確度。當然也可以當成一項了解自己的工具，好好深入研究並改變自己，甚至當成是自己的另外一項技能，這時候就需要一點耐心，畢竟這是一門兼具高度技術跟文化含量的學問，值得我們花許多的時間去了解。這本書所說的也是這樣的理念：一步步慢慢地累積。即使是圈內大師，其實跟一般人也就是誤差值的大小差異而已，縮小這個差異需要的就是時間的累積，以及願意用邏輯跟科學的方式去看待自己的學習過程。希望本書可以讓所有的新手一次掌握紫微斗數的完整技巧，也讓離開新手村的你，可以不忘初衷，將一切的原則牢記在心，讓紫微斗數成為你所接觸到的每個人的人生幫手。

紫微攻略
紫微斗數新手村

作者—— 大耕老師
設計—— 張巖
副總編輯—— 楊淑媚
校對—— 林雅茹、楊淑媚
行銷企劃—— 謝儀方

總編輯—— 梁芳春
董事長—— 趙政岷
出版者—— 時報文化出版企業股份有限公司
108019 台北市和平西路三段二四〇號七樓
發行專線——（02）2306-6842
讀者服務專線—— 0800-231-705、（02）2304-7103
讀者服務傳真——（02）2304-6858
郵撥——19344724 時報文化出版公司
信箱——10899 臺北華江橋郵局第 99 信箱
時報悅讀網——http://www.readingtimes.com.tw
電子郵件信箱——yoho@readingtimes.com.tw
法律顧問—— 理律法律事務所 陳長文律師、李念祖律師
印刷—— 勁達印刷有限公司
初版一刷—— 2023 年 5 月 5 日
初版七刷—— 2024 年 7 月 16 日
定價—— 新台幣 500 元

紫微攻略 · 紫微斗數新手村 / 大耕老師作 .-- 初版 . -- 臺北市：
時報文化出版企業股份有限公司, 2023.05 面； 公分
ISBN 978-626-353-740-8(平裝)
1.CST: 紫微斗數

293.11 112005247